문학과지성 시인선 **300**

쨍한 사랑 노래

박혜경 이광호 엮음

문학과지성사

문학과지성 시인선 300
쨍한 사랑 노래

초판 1쇄 발행 2005년 6월 24일
초판 14쇄 발행 2024년 5월 9일

지 은 이 박혜경 이광호
펴 낸 이 이광호
펴 낸 곳 ㈜문학과지성사
등록번호 제1993-000098호
주   소 04034 서울 마포구 잔다리로7길 18(서교동 377-20)
전   화 02)338-7224
팩   스 02)323-4180(편집) 02)338-7221(영업)
전자우편 moonji@moonji.com
홈페이지 www.moonji.com

ⓒ ㈜문학과지성사, 2005. Printed in Seoul, Korea

ISBN 978-89-320-1611-9 03810

이 책의 판권은 지은이와 ㈜문학과지성사에 있습니다.
양측의 서면 동의 없는 무단 전재 및 복제를 금합니다.

문학과지성 시인선 300
쨍한 사랑 노래
박혜경 이광호 엮음

2005

저물녘, 마음속 흐르던 강물들 서로 얽혀
온 길 갈 길 잃고 헤맬 때
어떤 강물은 가슴 답답해 둔치에 기어올랐다가
할 수 없이 흘러내린다.
그 흘러내린 자리를
마음 사라진 자리로 삼고 싶다.
내림 줄 쳐진 시간 본 적이 있는가?

—— 황동규, 「쨍한 사랑 노래」 중에서

쨍한 사랑 노래

차례

첫밤 **채호기** 9
흰 우유에게 **연왕모** 11
정전기 **김길나** 13
사생활 **임후성** 15
천마도를 보며 **이태수** 19
꽃 노래 **문충성** 20
경포 전설 **최두석** 21
이 가벼운 날들의 생 **함성호** 22
담쟁이 **이경임** 24
小曲 **신중신** 25
지상의 양식 **이기철** 26
피뢰침 1 **주창윤** 28
사랑 노래 **성기완** 30
공을 쫓아서 **김광규** 31
줄리에트 비노쉬 **서정학** 32
나의 침울한, 소중한 이여 **황인숙** 34
너와 나 **이철성** 35
모자도 쓰지 않고 **최하림** 37
벌거벗은 자의 生을 위한 주머니 속의 詩作 메모 **배신호** 38
뼈아픈 후회 **황지우** 40
저돌적인 사랑 **이정록** 43

마음에 대한 보고서 8	박찬일	46
새와 집	오규원	47
내 영혼의 마지막 연인	김태동	48
강가의 풀숲에 우리가 누워	김연신	50
사랑은 나의 권력	정현종	55
하루살이	한승원	56
달콤한 사랑	유진택	57
다시 바닷가의 장례	김명인	58
포장마차	진동규	59
사랑하는 두 사람	이선영	60
벼랑에 핀 남녀	김규린	61
황진이를 위하여	허형만	64
좋은 세상	김준태	65
창가에 앉아	이태수	66
청춘	박용하	67
나팔꽃 화엄 3	이나명	70
버클리풍의 사랑 노래	황동규	71
우리들의 찐빵에 대하여	송찬호	73
세기말 이별	최영철	74
반초도 안 되는 순간	이윤학	75
아주 옛날에	김영태	76
자욱한 사랑	김혜순	77
달은 계속 둥글어지고	남진우	79
晩鐘	고창환	80
묵상	장영수	81
아름다운 시작	박라연	82
처음과 사이	윤병무	83

나는 풀 밑에 아득히 엎드려 잎에 잎맞춘다	신대철	85
사랑의 편지	유 하	86
사랑 노래 2	김정환	87
마지막 눈이 내릴 때	문충성	88
유언을 읽으며	김점용	89
연오랑과 세오녀처럼	최하림	90
몸이 열리고 닫힌다	이 원	91
너무 늦은 가을	유종인	92
留別 2	복거일	95
그녀에게서 몸을 빼다	김윤배	96
낙화유수	함성호	98
사랑	김 중	99
사랑하는 이에게	조인선	101
비밀	김명인	103
빗방울을 흩다	박태일	105
사랑은	채호기	106
너 떠난 밤	김명리	110
축제의 꽃	마종기	111
첫사랑	차창룡	113
쨍한 사랑 노래	황동규	114
휘어진 길	이윤학	115
서시	김길나	117
바람둥이	김광규	118
1997년 12월 3일 서울	이영유	119
마라도 바다국화	최두석	121
공기의 꿈	이 찬	122
꽃은 어제의 하늘 속에	이성복	123

어제 진은영 124
46 빈 손 성기완 126
8월의 사랑 김행숙 127
미모사 1 심재상 129
따뜻한 흙 조 은 130
그때는 설레었지요 황인숙 131
그녀 배용제 134
終生記 조용미 136
항아리 조창환 138
가까스로 당신 안에서 이태수 140
차가 막힌다고 함은 김연신 142
無人島 박주택 143
얼굴 김혜순 144
나를 구부렸다 이수명 146
실상사에서의 편지 신용목 148
마른 물고기처럼 나희덕 149
수평선 1 김형영 151
소행성 에로스에 대하여 이기성 152
얼룩 김기택 153
잡초가 우거진 오솔길을 지나서 김영태 154
할미꽃 정병근 155
자전거 바퀴에 바람을 이창기 156
저녁노을, 낮은 한숨으로 지는 그대 정남식 158
이상한 로맨스 1 이성미 159

해설 | 연애시를 읽는 몇 가지 이유 · 이광호 160
필자 소개 174

첫밤

 모든 사건은 밤에, 안개의 살갗처럼 움직인다. 너는 나의 미로이다. 첫밤은 영원히 끝나지 않을 것처럼 내 코 앞에 머물러 있다. 그날 어둠 속에서 입 속으로 얼음 같은 칼날처럼 너의 혀를 찔러 넣었듯이.

 목마르게 기다리고 있는 목구멍의 심지 같은 목젖과 바싹 마른 꽃잎처럼 가벼운 날아가버릴 것 같은 혓바닥을 폭발하는 뜨거움으로 점화시키던 불인두 같은 너의 혀처럼, 입술처럼.

 순식간에 빨갛게 달아오르던 몸에로, 한 물결이 다른 물결을 일으키듯이, 한 바람이 다른 바람을 펄럭이듯이, 해일이 덮치듯 추락하며 쏟아지던 너의 몸, 너는 그때 절망이었다.

 쓰러지던 몸을 받쳐준 것은 너의 입술. 끝나지 않은 끝에 대롱대롱 매달린 벌집처럼 너의 입술에 매달려 있었다. 지금에 와서, 나는 너를 희망이었다고 되새긴다.

너는 새벽처럼 팔을 베고 있고 너는 나의 미로이다. 희망은 미로이다. 내 코 앞에 향기만 남기고 네 머리카락이 바람에 날려 사라진다. 네 머리카락 그림자 아침 하늘에 구름으로 떠 있다. 나에게로 오는 햇살을 참빗처럼 거르며.

__ 채호기, 『밤의 공중전화』(201) 중에서

흰 우유에게
— 사랑이 나를 덮치다

유리구슬을 들여다보았다
그리고 어느새
유리구슬 속에 갇혀버렸다
이후, 숨소리가 고르지 않았다

 아마도 아침이었다 눈을 떴을 때 마침 벨이 울렸다 문밖에 나가 보니 편지와 우유가 놓여 있었다 편지를 뜯고 보니 몇 번쯤 스쳐들었던 이웃 마을의 소식이었다 그 마을에 대해 알게 된 건 이번이 처음이었다 매일같이 배달돼오던 우유가 낯설어 보인 것도 처음이었다 두 손으로 우유병을 감싸쥐고 우유를 마셨다 뱃속에서 퍼지는 우유가 흰빛으로 머리에 그려지는 게 그리 이상하지는 않았다 하지만 하늘에 떠 있는 모든 것들이 언젠가 본 듯한 모습이란 게 조금 이상한 일이었다 그렇게 나의 새로운 날들이 시작되었다 들에 나가면 일하다 말고 멀리 이웃 마을 쪽을 쳐다보았고 불현듯 목이 말라 우유병을 찾게 되었다 매일같이 배달돼오던 우유가 갑자기 오지 않을 수 있다는 불안감에 시달리기도 했다 하루하루 배달돼오는 우유병을 손에 쥐

고서야 가까스로 숨쉴 수 있었다
 언젠가는 가고야 말 것을, 나는 가야만 했다
 우유병에 씌어 있는 이웃 마을의 목장과 우유 공장으로 가야만 했다
 어떤 곳인지 알 수 없었으므로 더욱 가야만 했다
 우유가 내게로 온 길이 내가 찾아가야 할 길이었다
 그 길 그 길 머릿속에 흰빛으로 그려지는 그 길을 따라가면
 내일 아침에 이를 수 있을 것만 같았다

 눈앞에 길이 있었다
 걸음만 내디디면 굴러가는 둥근 유리구슬 벽

 __연왕모, 『개들의 예감』(202) 중에서

정전기

네가 황급히 떠난 자리, 두려워라
되짚어와 매만져볼 수조차 없으니

내가 너를 묻은 게 아니었다
네 안에 내가 묻힌, 너는 나의
무덤이었다 나는 네 울음에 갇히고
네 질탕한 웃음에 갇혔다
네 천진난만한 웃음은 해뜨면
햇발에 묻어나고 물을 뜨면
물방울에 어려 마음 가난한 네 모습을
그대로 생생히 떠올렸다
너는 내 안에서 살아나고
나는 네 무덤에 갇혔다

무덤 안은 몹시 어둡지
내가 눈멀어 너를 잘 보지 못한
無明의 어둠으로 하여 告解의 행렬 끝에
떨고 서 있는 나를 너는 보고 있니?

사람들이 흘러넘치는 거리에서나
전동차 안에서도 어디에서나 네가
걸어나오고 어디에서나 너는 없었다
이승인지 저승인지 여기가 어딘지 분간이 안 되어
문득문득 발길을 멈춘 귀갓길
집에 돌아와 누우면 내 몸의 레일 위로
어김없이 기차 한 대가 지나가는, 사지가
뭉개지는 아픔, 절절 온몸에서 전류 흐르는 소리
네 기억으로 짜입은 내 폴리에스테르 옷은
속살에 닿기만 해도 번쩍번쩍 번개치고
뇌성으로 울었다

_ 김길나, 『빠지지 않는 반지』(203) 중에서

사생활

심야의 카페에서 한물간 화장 짙은
얼핏 귀여운 데가 남은 여가수가
노래 부른다 사람이 기다려도
삼 개월은 오지 않는다 손님 중에
누구 계십니까 전화가 울리고
지금은 갈 수 없어
더 이상은 기다릴 수 없어요
지금 올 수 없다면 살아서
무슨 짓이에요 무슨 짓이야 무슨
휴가 말이야 미친
내일 만나서 이야기해 다신
끌려가고 싶지 않아요
당신은 비겁해요
하지만 사랑해요

벚꽃이 참 아름답게 피었네요 보이나요
이런 날 비를 맞지 않고
비 내리는 걸 쳐다보면
빗줄기 정면이 절벽 같아요

내가 안 그랬어요
손도 안 만졌어요
차만 마시고 헤어졌는걸요
내 말 들려요
저 얼굴 지우고 서 있는 낭떠러지 좀
일으켜 세워주세요
날 좀 껴안아주세요
이리 와서 쓰러뜨려주세요
당신은 비겁해요 하지만
사랑해요

저요, 같이 나가면 안 될까요
샤워하시고 나올 때까지 기다릴게요
당신이 손님이란 걸 아무도 모를 거예요
팔짱은 안 해도 옆에 서 있어주시기만
그것도 성가시다면 저 혼자 알은체를 할게요
저만치만
저 대로변에서 시내로 빠지는 환한 빛까지만
내게 저만치의 하루가 없다면 난 뭐예요 난

어두워지면 부서질 거예요, 부서지기 전에
사라질 당신이 부숴줘요
난 저 빛을 늘 부수고 싶지 않다면
난

소복소복 마음이 가라앉는 게
나 처녀 맞냐
누가 손 태우냐
기침 하나 참는 나냐
기차역 대합실에서 못생긴 거지 하나
눈물도 치르지 않고 집적거렸다
한번 줘버렸다 다 줘버렸다
우수, 수향, 해후
아직 안 일어났겠구나
왜 불길하냐
금색 블라우스 단추가 너무 커 보여

흔들리는 카페를 가로지르며
담뱃불 붙지 않는 진공

여름 초록의 머리 위
잠시 잠시 나타나는
재갈 물린 낮달

*끄*을며

얼마가 흘렀나 이제 들어가야 하나

멘스 끝물에 흘러나온 월차
빠져나오면서 날개에 깃들인 바람
변한 골반을 쓰다듬네

얼마가 흘렀나 이제 들어가야 하나

화장실 거울 앞에서
어귀 전봇대에 기대 서 있는
햇살 좁히며
비스듬히

___ 임후성, 『그린 의미에서』(204) 중에서

천마도를 보며

　가을 하늘 옥빛 속으로 말들이 달린다. 푸른 날개 퍼덕이며 나는 하늘의 말들은 지금·여기에서 아득한 신라의 하늘로, 그 머나먼 곳에서 다시 여기로 누비며 발굽 소리를 낸다. 방울 소리 울린다.

　오랜만에 그가 돌아온다. 신들의 마을 가까이 둥근 집에서, 모난 집들이 즐비한 인간의 마을로 내려오는 그는 여전히 보이지는 않지만 둥글게 느껴진다. 아득하게 머리를 쓰다듬고 어깨를 두드려준다. 가까이 그를 느끼며 하늘의 말들이 울리는 발굽 소리, 방울 소리에 새롭게 눈을 뜬다.

　이 가을, 옥빛 하늘 우러러 바라보면, 하늘을 나는 말들이 아득히, 꿈 많던 날들을 싣고 돌아온다. 기다리고 기다리던 그가 신발 소리를 내고, 눈을 감으면 비로소 나는 하늘의 말들을 따라 신발 소리를 낸다. 그를 따라 옥빛 속으로 들어간다.

　__ 이태수, 『안동 시편』(205) 중에서

꽃 노래

처음 너는 자그마한 눈짓이었네 나풀나풀
이른 봄 햇살 풀리는 물 아지랑이
그 눈짓 네 눈 속에서 자라나
보랏빛 색깔 고르고 보랏빛 향기 고르고 무심무심
불어오는 바람에 한 잎 두 잎 슬픔의 그림자 지우곤
했네
자나 깨나
앉으나 서나
때로 너는 허무였네 그러나
존재의 어두운 계단 뚜벅뚜벅
걸어다니며 살아 있음의 고통
짖어대며 끊임없이
피멍 드는 혼 깊숙이
파고들어 나날이
온통 뿌리째 나를 뒤흔들어놓았네
50년이 걸렸네 바보같이
그것이 그리움인 줄 아는데
안팎으론 눈보라치는데

__ 문충성, 『바닷가에서 보낸 한 철』(206) 중에서

경포 전설

경포 갈숲에 배를 대고
달빛에 빛나는 여인이 있었네
이승에서 단 한 사람
그녀의 눈길 따라
뱃놀이를 떠난 사내가 있었네
그때 달빛은 하늘의 음악이었고
그녀는 춤추듯 노를 저어
물길 따라 바다로 해 뜨는 동해로
하염없이 쪽배를 몰고 갔네
세상엔 늘 풍파가 있어
잔잔하던 바다가 슬며시 거칠어지고
그제서야 사내는 노를 잡았네
파도는 더욱 거칠어지고
한없이 난폭해지고
사내의 안타까운 노질은 계속됐지만
그들은 다시 경포에 오지 못했네.

__최두석, 『사람들 사이에 꽃이 필 때』(207) 중에서

이 가벼운 날들의 생

다만 네 몸 안에서
물고기처럼 헤엄치고 싶네
얼음 속에서 헤어지고
환한 꽃 속에서 다시 만나는
당신과 나 사이에
맑은 술, 꽃잎이 지네
누구든지 한 번은
자신의 그림자에 매혹당한 적이 있네
지상에 닿기 위해
나는 얼마만큼 더 무거워져야 하는가?
재 되어 날려가는 이 가벼운 날들의 생
나는 어린 산양처럼

고공의 절벽에서 스스로 몸 던져지며 어리둥절한 수컷들과 흰 덧니의 암컷들이 고통과 쾌락의 밤을 보내는, 사라지는 생의 마지막 꼬리를 보았네 누가 나에게 저 비밀한 구루의 노래를 들려주겠는가?

당신과 나 사이

빈 항아리를 울리는 작은 모래 먼지들의 울림처럼
지는 해의 찬란한 몰락을 보고 있네
첫사랑의 여자와 만나
오래도록 행복하게 살고 싶었지만
그 후로도 많은 가슴 아픈 연애
내 생은 안주하지 못하네
이 폐허가 주는 바다의 환상
나는 세상의 끝에 서 있었네
어두워라, 어두워라 저 허구한 날의
태양이 잠긴 고원의 호소는
내 머리칼은 눈 녹은 강에 풀어져
푸른 보리밭길
흰 산 사이의 쇠락을 홀로 가네
아직도 나에게는 융기할 수 없는 침잠
아, 나는 다시 불처럼 가벼워지고
노래처럼 흘러간다네

__ 함성호, 『聖 타즈마할』(208) 중에서

담쟁이

내겐 허무의 벽으로 보이는 것이
그 여자에겐 세상으로 통하는
창문인지도 몰라
내겐 무모한 집착으로 보이는 것이
그 여자에겐 황홀한
광기인지도 몰라
누구도 뿌리내리지 않으려는 곳에
뼈가 닳아지도록
뿌리내리는 저 여자
잿빛 담장에 녹색의 창문들을
무수히 달고 있네
질긴 슬픔의 동아줄을 엮으며
칸나꽃보다 더 높이 하늘로 오르네
마침내 벽 하나를
몸속에 집어넣고
온몸으로 벽을 갉아먹고 있네

아, 지독한 사랑이네

__이경임,『부드러운 감옥』(209) 중에서

小曲

가장 단단하다는 대추나무는
여린 잎새를 수없이 매달았다가
비바람 몰아친 밤
그중 먼저 새 잔가지들을
落傷시켰다.

어쨌다는 거냐,
화창하게 개일 봄날의 예감
섬섬옥수 오, 섬섬옥수

불타는 말 접어두고 시방
시오리길쯤 나선 걸음으로 그대 찾아가거니,
모란꽃 빛깔 잃지 않을
저녁답까진
산그림자마냥 가 닿겠거니.

＿신중신, 『카프카의 집』(210) 중에서

지상의 양식

나는 너무 많은 쌀과 너무 많은 푸성귀를 먹어버렸다
나는 너무 많은 사람의 이름과 너무 많은 짐승의 이름을 알아버렸다

모든 길은 내 걷기엔 너무 멀고
모든 산은 내 오르기엔 너무 높다
아, 나는 숭고와 심원에 등한했구나

육체가 남루해질수록 정결해지는 정신의 영토는 어디 있는가
물의 몸이 무거워 나는 민들레 꽃씨처럼 날아갈 수 없다

내 마지막 닿을 집은 마른풀의 향기라고
가장 향기롭게 살다 간 사람의 이름 앞에 묵념하겠다고
정맥만큼 가쁘게 뛰어온 생애

내 어지러운 생각이 금결이 되는 날

나무여, 나도 적도 없이 그 살 속을 지나는 모든 것
보석이 되게 하는 힘을 가르쳐다오

__이기철,『유리의 나날』(211) 중에서

피뢰침 1

우리가 너희들을 찌르려 할 때
피뢰침은 우리 앞에 서 있다.

우리가 보이지 않는 칼을 품고 다닐 때에도
피뢰침은 자신의 칼을 우리에게 드러내 보여준다.

무엇을 찌르기 위해서가 아니다.
혹은 너희들을 막아내기 위해서도 아니다.

다만 받아들이기 위해서
피뢰침은 아름답게 자신을 들어올린다.

무엇이나 받아들인다는 것은
너희들에게 순종한다는 것이 아니다.

우리가 증오로써
무엇을 받아들일 수 있겠는가.

우리가 서로를 찌르려 할 때

피뢰침은 높이 서서 우리를 보며 웃는다.

우리가 가슴마다 묻은 피를 닦아내는 동안
피뢰침의 그늘 아래로 별이 내려와 누워 있다.

__ 주창윤, 『옷걸이에 걸린 羊』(212) 중에서

사랑 노래
── m에게

  너의 흰 얼굴을 볼 때마다 나는 한없이 열리는 문 그 속으로 밀려드는 예감의 파도는 그러나 네 모든 움직임과 부딪쳐 짧게 뜨는 별을 튕겨내고는 스러진다 왜 사랑은 나를 쓰러뜨리는가 너를 만지고 싶은 나의 혀는 잘려 있고 나는 끝없이 침묵한다 오 그러나 나는 이미 모든 물밑으로 나를 띄워 너에게 내려보냈다 왜 사랑은 울음을 참고 자꾸 침잠하는가 숨소리에 깊은 바람이 일고 나는 숨 막혀 잠의 동굴에 든다 거기서 울리는 그리움의 북소리 네가 지어내는 그 모든 곡선의 파장들 ─ 꿈의 파쇄들은 천천히 가라앉고 나는 심해어처럼 입을 뻐끔거린다 파쇄들이 부드럽게 구부러진다 너의 흰 얼굴 ─ 물의 두께 너머 ─ 오 그러나 떠오르면 너는 다시 없다 ─ 물이 너무 두껍다

  __ 성기완, 『쇼핑 갔다 오십니까?』(213) 중에서

공을 쫓아서

우리는 공을 쫓아서 언덕 끝의 숲까지 달려갔다. 그녀는 나보다 빨랐다.

그러나 몸을 날려 공을 잡는 순간, 그녀는 오물 구덩이에 빠졌다.

한참 허우적거리다가 겨우 구덩이에서 뛰쳐나와, 그녀는 욕설을 퍼부으며 언덕 너머로 사라져버렸다. 그 너머에는 실습림을 지나서 여자대학교가 있었다. 여선생 두 사람이 그녀에게 살아나온 것만 해도 다행이라고 위로하면서, 지난번에도 한 사람이 그곳에서 목숨을 잃었다고 말했다.

그녀는 구덩이에 빠졌던 순간이 생각나지 않는다고 되풀이했다. 바로 그때부터 그녀는 이상해진 것 같았다. 나의 만류를 뿌리치고, 공을 잡으러 달려간 그 순간에 그녀는 나를 떠나간 것이었다.

공의 행방은 알 수 없었다. 그것은 물론 중요한 것도 아니었다.

우리는 결국 서로 낯모르는 사람이 되어 헤어지고 말았다. 만난 적도 없이 헤어진 셈이었다.

_김광규, 『가진 것 하나도 없지만』(214) 중에서

줄리에트 비노쉬

줄리에트 비노쉬: 영화배우 퐁네프의 연인들 참을 수 없는 존재의 가벼움 나쁜 피 폭풍의 언덕 녹색 광선 데미지 블루 소년 소녀를 만나다 지붕 위의 기병 영국인 환자 나는 그녀가 좋다 그녀의 목소리가 좋다 머릿결도 좋다 비극적인 그녀를 좋아한다 그녀는 에어컨 바람처럼 서늘하다 나는 그녀를 사랑한다 붉은 신발이 좋다 짧은 머리가 좋다 가끔 목이 쉬곤 한다 말을 할 수 없을 정도로 목이 아플 때가 있다 그녀의 발음은 듣기에 좋다 나는 프랑스어를 모른다 (알렉스를 떠올린다) 그녀의 성격도 모른다 그녀는 편집증 환자와 같다 그녀는 손이 아름답다 나는 손이 차갑다 그녀의 브로마이드 구하기는 어렵다 그녀의 사진이라고는 극장에서 나누어준 엽서밖에 없다 창문 틈에 끼워놓은 그녀는 빛이 바랬다 그녀의 사진이 갖고 싶다 그녀를 생각하면 눈물이 나온다 그녀는 슬프다 비디오 가게에서 그녀의 비디오는 잘 나가는 편이다 나는 그녀를 사랑한다 그녀는 여러 개의 이름을 사용한다 그녀가 출연한 영화 중 보지 못한 것도 있다 그녀는 아무 데나 쓰러진다 나는 비디오로 그녀를 본다 잡지에는 그녀에

대한 특집 기사가 나온다 나는 영화 팬 모두와 그녀를 공유한다 나는 그녀를 사랑한다 지금 무얼 하고 있을까 비디오가 낡아서 일시 정지를 누르면 화면에 줄이 그어진다 그녀는 능숙하다 사흘이 지나면 테이프를 갖다 주어야 한다 그녀가 끓이는 커피 냄새가 방 안 가득하다 나는 그녀를 생각한다 그녀는 나를 전혀 모른다 나는 그녀의 머리카락들과 전혀 관계가 없다 나는 그녀를 사랑한다

__서정학, 『모험의 왕과 코코넛의 귀족들』(215) 중에서

나의 침울한, 소중한 이여

비가 온다.
네게 말할 게 생겨서 기뻐.
비가 온다구!

나는 비가 되었어요.
나는 빗방울이 되었어요.
난 날개 달린 빗방울이 되었어요.

나는 신나게 날아가.
유리창을 열어둬.
네 이마에 부딪힐 거야.
네 눈썹에 부딪힐 거야.
너를 흠뻑 적실 거야.
유리창을 열어둬.
비가 온다구!

비가 온다구!
나의 소중한 이여.
나의 침울한, 소중한 이여.

　__황인숙, 『나의 침울한, 소중한 이여』(216) 중에서

너와 나

여기 이 벤치에 앉아
겨울 냄새를 맡고 있는 너와 나는
순간 스친 이 냄새에
말을 잃고 깊이 넓어져만 가는 너와 나는
너의 손을 잡지 못하는 나와
내 깊은 곳으로 흘러들어오는 너는
바람처럼 스산하고
공기처럼 맑아
떨어지며 정지하여
영원히 정지해버린 너는
그림처럼 아름답고
기억처럼 참담하여
내가 너의 아버지이기를 바라고
네가 나의 어머니이기를 바라는 너는
여기 추운 나무들이 서 있는 벤치에 앉아
희망한다.
한 아이가 다른 한 아이의 친구가 되지 말기를
한 여자가 한 남자의 애인이 되지 말기를
그래서

맑은 하늘과 비어 있는 거리
멈춰 선 버스와 흘러가는 시간 사이로
너의 두 눈은 그림처럼 아름다워
겨울 냄새를 풍기고
겨울의 하늘 속으로 멀어져
내가 빠져든 우물,
거울이 된다.

— 이철성, 『식탁 위의 얼굴들』(217) 중에서

모자도 쓰지 않고

모자도 쓰지 않고 신발도
신지 않고 그리운 그대
건들건들 들녘을 넘어가네
저녁 바람에 의지해서 가네
돌아보면 길들은 잡초에 묻힌 채로
구불거리며 흘러가고 한밤중에는
달과 함께 마을에 떠올라
골목을 비추네 골목이
포물선을 그리면서
하구로 흘러가고
질그릇들이 둥둥 떠서
썰물 같은 고요를 한 아름
안고 있네 슬픔 안 사람이
새벽 일찍 오리백숙탕 집을 빠져나와
그의 길을 가네 나무에 앉은
새들이 푸드덕 날아가네
새들을 보며 그리운 그대
건들건들 가네

_ 최하림, 『굴참나무숲에서 아이들이 온다』(218) 중에서

벌거벗은 자의 生을 위한 주머니 속의 詩作 메모

4

　　　　　　　　　나는 노래했다
그녀를 노래했다
일체가
하늘색이거나 땅색,
공기색 물색의 나의 노래를

나의 노래는
땅을 갈고 씨를 뿌리며 솟아나는 파란 힘을
비 젖은 흙의 부드러움으로 품은
노랗고 빨간 진자줏빛의 해를
달빛 여름 기거가 날거나 뛰는 온갖 숨찬 소리들의
개울을 흘러내리는 노래를

나의 노래는

그녀 손끝의 여울에서 퍼져
큰 바다와 큰 땅을 가르고 마지막 휴식을 취하는

한숨의 미풍으로
눈 내리는 방 안 부엌 아궁이 싸리나무 불씨가 되고
세상 덮는 나지막한 지붕의 꿈의 발자국을 따라
하나하나 이어져 다른 하나를 이어주는 북실이 되고
거듭 이어져 피 돌고 숨쉬는 뼈의 옷을 짓고
우주 교접의 합창으로
은밀의 말이 되어 기억의 광년을 메아리친다

그러나 일체의 꿈은 없고 나는 그녀를 쫓아 숨이 턱에 치받는다 그녀는 나에게서 달아나며 깊은 숲 벌거벗은 우리는 둘이었고 하나였다

그녀는 거짓으로 달아나며 낙원의 열매를 웃음으로 던지고 열매는 나의 머리에 이마에 부딪혀 산산이 부서져 붉은 즙으로 나의 눈을 광태로 가리고 솟아난 절벽 하늘 무너진 자리로 떨어져 나는 잠에서 깨고 꿈에서 깨니 그녀는 죽었다

_ 배신호,『벌거벗은 자의 生을 위한 주머니 속의 詩作 메모』(219) 중에서

뼈아픈 후회

슬프다

내가 사랑했던 자리마다

모두 폐허다

완전히 망가지면서
완전히 망가뜨려놓고 가는 것; 그 징표 없이는
진실로 사랑했다 말할 수 없는 건지
나에게 왔던 사람들,
어딘가 몇 군데는 부서진 채
모두 떠났다

내 가슴속엔 언제나 부우옇게 이동하는 사막 신전;
바람의 기둥이 세운 내실에까지 모래가 몰려와 있고
뿌리째 굴러가고 있는 갈퀴나무, 그리고
말라가는 죽은 짐승 귀에 모래 서걱거린다

어떤 연애로도 어떤 광기로도

이 무시무시한 곳에까지 함께 들어오지는
못했다. 내 꿈틀거리는 사막이,
끝내 자아를 버리지 못하는 그 고열의
神像이 벌겋게 달아올라 신음했으므로
내 사랑의 자리는 모두 폐허가 되어 있다

아무도 사랑해본 적이 없다는 거;
언제 다시 올지 모를 이 세상을 지나가면서
내 뼈아픈 후회는 바로 그거다
그 누구를 위해 그 누구를
한번도 사랑하지 않았다는 거

젊은 시절, 내가 自請한 고난도
그 누구를 위한 헌신은 아녔다
나를 위한 헌신, 한낱 도덕이 시킨 경쟁심;
그것도 파워랄까, 그것마저 없는 자들에겐
희생은 또 얼마나 화려한 것이었겠는가

그러므로 나는 아무도 사랑하지 않았다

그 누구도 걸어 들어온 적 없는 나의 폐허;
다만 죽은 짐승 귀에 모래의 말을 넣어주는 바람이
떠돌다 지나갈 뿐
나는 이제 아무도 기다리지 않는다
그 누구도 나를 믿지 않으며 기대하지 않는다

_황지우, 『어느 날 나는 흐린 酒店에 앉아 있을 거다』(220) 중에서

저돌적인 사랑

마른 저수지에 들이댄 양수기다
내 사랑은, 호스로 몰리는 진흙 범벅처럼
거품 들이켜는 소리가 몸 안을 돌아다닌다
흙탕물 사이사이 물고기도 달려나오는 여름 한낮
마른 내 가슴만 적시려는 치우친 욕망 때문에
목놓아 매미가 울고 볏잎이며 미루나무가 고개를 흔든다
양수기의 거친 숨소리가 저수지 바닥에
골골 도랑을 파놓는다

하지만 추억 어디를 펼쳐도
나 혼자 일을 저지른 적은 없다
두렁을 건너오는 들밥과
오이냉국 속 얼음 조각 때문에
구름도 서편으로 가고 있다
구름 한 조각도 저 혼자는 자리를 뜨지 않는다
버드나무로 날아가 발가락을 다듬는 저 된장잠자리도
들밥을 이고 오는 치맛자락 때문이다

장마가 와서 저수지가 넘쳐도
양수기를 떼내지 않을 것이다
주황색 호스만 물 위로 떠올랐다가
가물면 다시 제자리로 내려앉을 것이다
사랑은 더욱 지독해져서 네 품에서만
떴다 가라앉았다 할 것이다
너는 내 일생의 저수지고
나는 호스의 끝에 매달린 쇳덩어리, 돼지머리다

깡마른 내 약력은 이 저수지에서
마지막 물을 들이켤 것이다
우그렁 눈으로 푸른 들을 바라보는 저수지여
멧돼지 머리통처럼 나는 너에게 저돌적일 뿐이다
둑마다 콩포기 짙푸른 우리의 신혼방

저수지의 젖꼭지를 후벼 파는
멧돼지의 등허리 위로 한 떼의 숨가쁜 바람이 덮친다
너의 젖꽃판 옆으로 숨 막히게 자라는 잡풀들

때론 논에 고인 몇 모금의 물을
너에게 되돌려주고 싶을 때 있음을 아는가

__이정록, 『버드나무 껍질에 세들고 싶다』(221) 중에서

마음에 대한 보고서 8

나는 가끔, 내 그것을 물려는 느낌을 받는다 뼈가 유연하면 몸을 둥글게 굽혀 그것을 물 수가 있다고 생각한다 혼자 살 수 있었을 텐데 물론 그게 전부는 아니지만 틀림없이 덜 외로웠을 텐데 여자 앞에서 주눅 안 들었을 텐데 생각한다 여자를 남자처럼 그러니까 여자를 인간처럼 남자를 인간처럼 대했다면 온전한 인생을 살았을 텐데 온전한 인생을 살길 원했는데 생각한다 여자도 그랬을 텐데 생각한다

__ 박찬일, 『나비를 보는 고통』(222) 중에서

새와 집

길 건너, 집이 있습니다. 이층집이 넷, 사층이 하나, 오층이 하나, 단층이 둘; 배경은 모두 허공입니다.

집에는 창이 있습니다. 열린 창이 둘, 커튼 걷힌 창이 여섯, 아침까지 불 켜진 창이 하나; 배경은 모두 벽입니다.

집에는 단풍나무가 둘, 등나무가 하나, 모과나무가 하나, 측백이 하나, 목련과 반송이 둘, 그리고 배롱나무가 하나; 배경은 모두 허공입니다.

골목이 하나 사층과 이층 사이로 생겨 있습니다. 길의 끝에는 한 남자와 여자가 끌어안고 주둥이를 붙이고 있습니다. 배경은 허공입니다.

그 허공에 지금 막 한 마리 새가 생겨나서 뾰족한 부리를 앞세워 숲 쪽으로 가고 있습니다.
　__오규원, 『토마토는 붉다 아니 달콤하다』(223) 중에서

내 영혼의 마지막 연인

슬픔이 다하는 날 나는 길모퉁이에서 내 영혼의 마지막 연인을 떠나보내며
아름답게 죽어가리라 그런 아름다운 시절이 있었다고 담벼락
굵은 글씨로 써내려가리라 빗물이 하염없이 내 마지막 숨결의 영상을 흘러갈지라도
나 그 빗물 되어 사랑했었다고 소리치리라 떠나면 돌아오지 않을 사람도
오랜 침묵 뒤 저 금빛 저무는 산 한 그루 나무가 되리니
누구보다 먼저 아름다운 시절 사랑했었다고 목이 메는 갈매기도 세월은 늘
물결 부서지는 암초더미에 걸려 가족을 잃고 사랑을 잃고
푸르게 푸르게 울고 있듯이
슬픔이 다하는 날 나 돌아보지 않으며
나,
이 아름다운 시절 사랑하며 이곳을 떠난다고 길모퉁이

지워지는 내 영혼의 마지막 연인이여
연인이여 빗물이 하염없이 내 마지막 숨결의 영상을 흘러간다
이런 아름다운 시절이 있었다고 이런 아름다운 시절이

__ 김태동, 『청춘』(224) 중에서

강가의 풀숲에 우리가 누워*

 사랑하였던 당신. 그날[1] 강가의 풀숲에 우리[2]가 누워 별[3]들을 바라볼 때에 귀를 통하여 불어넣었던 것[4]은 무엇이었던가요. 숨이 막히면서 귀를 멍멍하게 하여 아무 소리도 듣지 못하게 하였던 것은 무엇을 위한[5] 마음이었나요.

    어머니, 어머니, 나의 어머니. 굽은 골목 우리집, 그 집의 채송화 물은 지

---

* http://www.shinbiro.com/@tomato/ver11/poem-kys.html
1) 그날, 늦은 추위가 다시 오고 일찍 핀 봄꽃들이 땅에 떨어진 날. 세상에 향기만 남아 있고 형체는 없어진 날.
향기를 따라서 형체를 찾으러 울고 가는 모양 하나.
2) 당신과 나 혹은 당신의 그림자와 나의 그림자 혹은 당신의 옛 모습과 나의 옛모습 혹은 다른 곳에서 소리 없이 웃고 있던 당신과 여기서 당신의 옷과 옷 속의 살에 매달리는 나.
3) 별은 반짝이기 위하여 서로 멀리 떨어져 있는 것일까?
4) 말이면서 절대로 말이 아닌 것. 나에게 향하여, 나의 귀를 통하여 후벼파서 집어넣던 것. 온 머리칼이 감전된 듯 곤추서고 마침내 눈까지 멀게 하던 것. 당신의 사랑이 빨랫방망이 같은 것으로 나를 강타하던 것.
5) 팽창하는 즐거움. 욕심의 앞면.
욕심이 당신을 팽창시키고, 가볍게 만들어요.
하늘 높이 떠 있는 고래 풍선.
당신에게 안겨 있으면, 나의 몸은 한없이 작아집니다.
당신의 몸은 커지고 있나요.

금은 누가[6] 주고 있나요. 동생인가요.
오빠인가요. 이 남자인가요.

그때 누구의 무슨 시간[7] 보여주었나요. 저의 것인가요. 당신의 것인가요. 아니면 당신의 옛 여자[8]의 구겨진 것이었나요.

　　　　　　　　　無人自動販賣機![9]

강물이 일렁일 때 강물 속의 물고기가 흔들리고[10]

---

6) 당신이 어느 날 전화도 없이 우리집 푸른 대문을 밀고 들어온다면, 나는 숨이 막히겠고, 동생은 맨발로 대문께로 뛰어나가겠지요.
7) 지나가면서, 쌓이면서, 등에 와서 달라붙으면서, 한 겹, 또 한 겹, 살갗을 덧대어나가면서, 잠시도 쉬지 않으면서, 누구도 편안하게 해주지 않으면서,
8) 즉 여기 지금의 나. 당신의 옛 여자 결국 지금 여자. 하나도 변하지 않았고, 다르지도 않고, 같은 몸, 같은 마음, 같은 안타까움.
9) 9층 기계하고 11층 기계하고 바꾸어 설치해봐! 15층 것은 5층으로 내리고, 5층에 있는 것은 현관에 갖다놓아!
10) 달려갔다가는 다시 돌아오는 노루같이. 열 걸음 도망갔다가 열두 걸음 다시 오는

있었지요. 손[11]은 그때에 저의 몸 어디에 있었나요. 그곳에서 무슨 물고기를 보았나요. 혹시 찌가 움직이는 것을 보았나요.[12] 뜰채나 준비하고 있었나요. 살아 있으면서 죽은 것[13]은 무엇이었고 죽은 것 중에서 되살아난 것[14]은 무엇이었나요.

        꽃병에는 꽃이 없어요. 꽃을 담아둘 물은 있나요.[15]

---

11) 손에서 흘러나오는 말은
    입술이 만들어내는 말보다 더 붉어요.
    鮮紅빛 말들이 살갗을 미끄러져 다니면서,
    여기저기 새빨간 자국을 만들어내면서,
    마침내 온몸을 붉은 비단같이 만들어가는
12) 찌가 물 속에 잠기듯이 당신이 물 속에 잠기는 것을 보면서, 건져내려고 손 내밀지 않으며, 나도 물이 되어 흔들리면서, 그러나, 누가, 배수구 마개를 열어놓은 듯 몸이 소용돌이치면서, 빨려들어가면서, 삽시간에 물이 줄어들면서,
13) 그때, 거기에서, 시간의 어느 점에서, 다만, 나 자신.
14) 피리 소리, 북소리, 북소리, 피리 소리, 해금 가닥 두어 줄기, 개나리꽃 속에서 들려오던 그 모든 소리.
15) 그곳에서 오라 할 때, 바람이 불면서 말은 토막토막 끊어져, 들리지 않고, 수화기에서는 긁는 소리, 바람 소리, 낯선 목소리, 부스스 떨어지던 먼지.

흩어주었다면. 흩어주었다면. 흩어진 것들을 다시 모아주었다면. 아직도 화약 냄새 나는 싸움터에서 뼈를 추려주는 손길같이 모아주었다면, 나를 위하여. 어릴 때 만났던 그 바람이 다시 불어오면서 쉰 목소리로 울부짖었지요. 이것은 나의 것이 아니라고.

孟母三遷之敎.[16]

사랑하였던 당신, 그때 어느 강가에 있었나요.
　　　　　강물 속에 까만 차돌이 많은 것은

---

16) 옛날에 옛날에 어느 마을에 스무 살이 되도록 시집 안 간 처녀가 있었단다. 어느 날 밤 건너 마을 소가 지나가다가 이 처녀를 보니, 글 잘 읽지, 말 잘하지, 다만, 소눈에 뵈기를, 몸이 참나무 같은 것이 흠이라, 이것을 고쳐주려고, 밤이면 밤마다 그 처녀의 방 앞에 와서 움머움머 우는데 그 소리를 듣고 처녀가 문을 열고 나왔단다. 달이 너무 밝은 밤이었다. 바로 그때에 소 우는 소리가 뒷산 호랑이에게도 들렸단다. 그래서 그 호랑이가 '이놈의 소가 또 뱃속 소리를 내는구나' 하고 한달음에 내려와 물어 죽이고 말았단다. 처녀는 소가 호랑이에게 목을 물려 흔들리는 모양이 눈에 밟혀서 평생 소 우는 소리를 들으며 글만 읽고 살았다는구나.

모두들 흘러내려가기 싫기 때문입니다.[17]

__ 김연신, 『시인의 바깥에서』(225) 중에서

---

17) 언제 그런 날이 들이닥칠까?
　　나의 말이 너의 작은 귓속으로
　　줄지어 들어가, 심장에 스미면, 붉은 울음이
　　빛나면서, 커지면서, 너의 몸이
　　두 배로 자라나는 날이.

　　또한 언제, 그 언제, 그런 날이 얻어질까?
　　너의 말이 네가 차리는 밥상같이 입에 달아,

　　내 몸 속에서 마음 대로 돌아다니며
　　놀다가 잠들 때에 내가 포플러나무만큼 자라서
　　저 산 너머에 있는 너와
　　웃으며, 이야기하며, 별도 함께 보다가,
　　서로 한걸음에 만나서
　　키가 서로 또 두 갑절로 더 자라날 날이.

사랑은 나의 권력
── 페테르부르크 시편 2

먼지 가득한 한 소극장에서
나움 코르자빈이란 사람의
「사랑에 대하여」를 보았네.
내가 알아들을 수 있는 말은
배우 윗호주머니에 꽂은 장미뿐,
츠베타예바와 보즈네센스키와
그런 시인들의 시로 구성한 대사들에서
한 구절이 꽃피었다고
내 사랑 내 귀에 속삭였네
"사랑은 나의 권력"
나는 내 사랑의 귀에 속삭이네
"내 권력이 약해지지 않도록"
"내 권력이 약해지지 않도록"
사랑이여
우리의 권력이 약해지지 않도록!

_정현종, 『갈증이며 샘물인』(226) 중에서

하루살이

사랑 주체 못 해 엎치락뒤치락한 내 영혼의 살비늘들
자기가 무슨 장자의 붕새라고
천만 리 머나먼 허공 날아서
꽃구름 세상 한복판에 놓인
그대의 침실
방충망 틈새로 들어가
물너울 같은 침대머리
첫 관계 때 흰 요에 흘린 생피 빛깔의 새끼전등불에 비친
그대의 얼굴과 몸 냄새에 취해
옴마니반메훔 옴마니반메훔
발기하고 사정하고 다시 또 발기하고 사정하고
허섭스레기처럼 가벼워지다가
이튿날 아침
그대의 진공청소기의 블랙홀 속으로 빨려들어가는 순간
우리 함께 맛보는 한 오라기의 치자빛 현기증 같은 열락.

__ 한승원, 『노을 아래서 파도를 줍다』(227) 중에서

달콤한 사랑

꽃망울을 열어젖히는 그 힘은
간지러운 햇살이 아니다
싱그러운 봄바람도 아니다

처량한 벌 하나가 길을 잃고 헤매다가
문득 꽃망울을 두드려
꽃문 활짝 열어젖혔나니

반가워라
꽃 속 환한 궁전에는
벌떼들 애타게 기다리는 지천인 꽃가루들

암술과 수술들이 마주 보고 앉아
달콤한 사랑을 나누며
부푼 희망 같은 열매 하나 갖자고
온종일 속삭이나니

_ 유진택, 『날다람쥐가 찾는 달빛』(228) 중에서

다시 바닷가의 장례

내가 이 물가에서 그대 만났으니
축생을 쌓던 모래 다 허물어 이 시계 밖으로
이제 그대 돌려보낸다
바닷가 황혼녘에 지펴지는 다비식의
장엄함이란, 수평을 둥글게 껴안고 넘어가는
꽃수레에서 수만 꽃송이들이 한번 활짝 피었다 진다
몰래몰래 스며와 하루치의 햇빛으로 가득 차던
경계 이쪽이 수평 저편으로 갑자기 무너져내릴 때,
채색 세상 이미 뿌옇게 지워져 있거나
끝없는 영원 열려다 다시 주저앉는다
내 사랑, 그때 그대도 한 줌 재로 사함받고
나지막한 연기 높이로만 흩어지는 것이라면
이제, 사라짐의 모든 형용으로 헛된
불멸 가르리라
그대가 나였던가, 바닷가에서는
비로소 노을이 밝혀드는 황홀한 축제 한창이다

__김명인, 『길의 침묵』(229) 중에서

포장마차
── 그 빈자리 2

내 첫사랑 같은 것들이
회청색 포장을 뒤집어쓰고
거푸집에 기대어 있다
다시 올 리 없는 사랑이
무슨 변명 같은 몸짓으로
비닐끈에 묶여 있다
진눈깨비 질척이는 밤
못 견디는 못 견디는 그리움으로
불숯덩이를 삼키고
서 있다.

__진동규, 『아무렇지도 않게 맑은 날』(230) 중에서

사랑하는 두 사람

여기, 사랑하는 두 사람이 있다

한 사람은 끝없이 끝없이 무언가를 찾아 들어간다
어쩌면 끝을 찾아, 미지, 다다를 수 있는 자신의 끝을 찾아
그는 넓어지고 싶다
그를 갈 수 있는 만큼의 끝에 이르게 하는 것, 그것이 그의 사랑이다
사랑이 그의 말뚝을 한층 멀리까지 옮겨놓는다

한 사람은 끝없이 끝없이 자기를 바닥으로 몰아간다
더 이상 가라앉지 않을 때까지
그녀는 대기중으로 그녀의 전부를 흩어놓고 싶다
아무것도 남지 않은 껍데기의 공허를 맛보고 싶다
사랑이 그녀를 밑바닥에 이르게 한다
그녀의 텅 빈 육체 안엔 이제까지의 그녀가 아닌 다른 영혼이 심어진다

__이선영, 『평범에 바치다』(231) 중에서

벼랑에 핀 남녀

길을 걷다가
어디선가 날아온 돌을 맞았다
무심코 쓸어넘기던 이마에
끈끈한 피 흘러내린다
참 그리운 어디
분실된 자격증으로 남아 있던 향기와 그
따뜻함
3인칭처럼 한 발짝 건너
너는 웃고만 있다

꿰매도 지워지잖는
상처가 남겨졌다
껴안을수록 몸이
낯선 氣球 같다
신비롭게 부풀어오르는 몸이
솟구치는 새 몫의 향기를 사물마다 묻히며
이마를 짚는다 아 가만……
상처에서 맺혀오르는 알약들
알약들을 골고루 세상에 뿌리며

눈물 그칠 수 없다
내 몫이 아니었던 것 그러나
원래에 내 몫이었던 것
네가 건넨 뿌리를 허리에 두르니
후끈 메말랐던 수액이 달아오른다
내가 뿌린 것들이
세상의 초록 강물이 되고
초록 바다가 되어
둥글게 씨방 안에 웅크려 있다

상처가 아름답다
잘못 자라난 가지 끝에
부푼 몸이 걸린다
열린 상처가 나팔손하며
몸 안에 따뜻한 공기를 불어넣고
상처가 닫히지 않는 먼먼 시간 동안
꿈꿔온 내 영혼은
슬그머니 묵은 옷 벗고
추억처럼 견고한 기구 속으로

더불어 스민다

__ 김규린, 『나는 식물성이다』(232) 중에서

황진이를 위하여

　오지게 달도 밝고 벌겋게 달아오른 대추나무에 걸린 달빛이 아직 땅으로 내려서지 않은 고샅 모퉁이로 한 사내 유유자적 사라지고 아스라이 박연 폭포 물 떨어지는 소리로 밤 뻐꾸기 울음 잦아들고

　　맨발로 그대
　　바람 탄 듯 그대
　　바람으로 구름 탄 듯
　　그대 구름으로
　　청산을 돌아나오네
　　한허리로 돌아나오는
　　그대 뒤로 슬픔처럼 서서히
　　무너져내리는 청산
　　청산은 무너져내리고
　　밤 뻐꾸기 울음소리
　　그대를 따르네
　　피울음으로 따르네.

　__허형만, 『비 잠시 그친 뒤』(233) 중에서

좋은 세상

세상, 참 좋다!

그해 길바닥에
진달래꽃이라도 뿌리며
노래하던 가객들이
어느새 모조리 몽땅!
여자의 치마 속으로 들어가

안 보인다! 없다!

거기서 무엇을 하는지?
거기서 무슨 노래를 부르는지?

__ 김준태, 『지평선에 서서』(234) 중에서

창가에 앉아

창가에 앉아 너를 생각한다.
담배 연기 사이로 지난날들이 글썽인다.
그 뿌연 글썽임 속에서 발자국들은
자꾸만 투명해진다. 창유리에 붐빈다.

마음은 또 한 잎, 나뭇잎처럼 흔들린다.
흔들리면 안 돼, 흔들려서는 안 돼, 라고
나무들은 말한다. 가야 할 길은 멀지만
겨울이 깊은 뒤엔 다시 봄이 돌아올 텐데……
이 하염없는 길 위에서 또 한 잎 마음은
바람에 시달린다. 행여나 못 돌아올까,
길을 잃을까. 너를 아파하면서 나는

미동도 없이 창가에 앉아
미명을 바라본다. 입술 깨물며, 눈물을 누르며
마음으로 네 옷자락이나 부여잡는다.
잠을 어깨에 떠메고 햇살을 기다린다.

__이태수, 『내 마음의 풍란』(235) 중에서

청춘

지나간 날들 지나칠 정도로 모두 어디 가고
나뭇잎 흩어지는 저녁에 만났던 그대 역시 흩어졌다
그리고 지금 나에게 남겨진 하나의 얼굴
그것은 희미한 미움, 삶의 근원을 묻는 철천지원수의 고통

이해할 수 있을까, 꽃이 피면 어두워지는 마음
아련한 봄날 자살이 들끓고 11월 촛불 아래서의 짧은 행복
어머니는 나의 도망을 저주하며 빈방이 있는 집을 지었으나
내 청춘은 휘발유로 이루어진 항구였다

닻을 내린 정신, 그것은 한국이란 말처럼 욕되었다
기댈 수 있는 여자의 몸, 그것은 지겨움과 회한의 상징이었다
학교, 그것은 상상력의 종말을 뜻했다

도착할 곳 여의치 않던 시절 비는 나의 강의실이었고

바람은 가장 멀리서 오던 그대 머리칼, 진눈깨비는 머나먼 단절
그리고 이제 나에게 남겨진 하나의 미래
그것은 용서할 수 없는 추억, 너에겐 없는 설원

바람에 흩어졌다 바람에 뭉치는 고립, 그것이 나의 인류였다
폭풍과 미풍이 교차하던 계곡, 당신이 쉬기에는 너무나 빠른 변덕
오후 4시면 죽고 싶고 오후 4시면 살고 싶던 감각, 그것이 나의 지구였다
나는 기후를 먹고 배불렀고 그대는 비바람을 질투하며 흩어졌다

눈 내리는 산장에 도착할 수 있을까, 꽃피면 현기증 나는 연애
가을도 아니고 겨울도 아닌 마음엔 푸른 우울이 숨쉬고
20세기가 끝나도 희망은 희망이고 절망은 절망이다

인간은 인간이고 식물은 식물이다

내가 마신 적막의 술이 달빛에 젖고 햇살은 찢어졌다
매연과 피로, 대양의 자본, 그리고 망각의 선신들
그토록 오랜 날들을 파도와 파탄 속을 헤맸으나
남은 건 비의 유적, 비의 막사, 비의 수용소, 비의 감옥, 비의 호텔……
청춘의 탄식이 오만 개의 세월을 남겼노라

__ 박용하, 『영혼의 북쪽』(236) 중에서

나팔꽃 화엄 3

활짝 피어난 나팔꽃들이 말의 씨앗을 물어다 주는 햇살들을 냠름냠름 받아먹고 있다
제 목구멍에 가득한 말들을 뱉어내고 싶은 심정 꾹꾹 누르고 참아내고 있는 꽃의 인내

꽃의 향기가 내 코끝 언저리를 맴돌다 폐부 깊숙이 들어와 제 숨을 죽인다
깊이 들이쉰 들숨을 내뿜으려고 너에게 뿜으려고 너를 찾아 헤멘다

너는 아무 데도 없고 아무 데도 있었다
저 꽃이 너라고 생각하다가 곧 시들어버릴 너라고 생각하다가
꽃무덤 속 꼭꼭 여며두었던 흑요석 같은 씨앗들

두 손 가득 받아낸다
내 손바닥 위에 한 꽃밭 넓게 펼쳐낸다

_ 이나명, 『그 나무는 새들을 품고 있다』(237) 중에서

버클리풍의 사랑 노래

내 그대에게 해주려는 것은
꽃꽂이도
벽에 그림 달기도 아니고
사랑 얘기 같은 건 더더욱 아니고
그대 모르는 새에 해치우는
그냥 설거지일 뿐.
얼굴 붉은 사과 두 알
식탁에 얌전히 앉혀두고
간장병과 기름병을 치우고
수돗물을 시원스레 틀어놓고
마음보다 더 시원하게,
접시와 컵, 수저와 잔들을
프라이팬을
물비누로 하나씩 정갈히 씻는 것.
겨울 비 잠시 그친 틈을 타
바다 쪽을 향해 우윳빛 창 조금 열어놓고,
우리 모르는 새
언덕 새파래지고
우리 모르는 새

저 샛노란 유채꽃
땅의 가슴 간지르기 시작했음을 알아내는 것,
이국(異國) 햇빛 속에서 겁도 없이.

_황동규, 『버클리풍의 사랑 노래』(238) 중에서

우리들의 찐빵에 대하여

설레는 마음으로 늦은 저녁 당신과 마주앉았지요
진열장 유리 밖에서 처음 춤추는 당신을 보았을 때
둥글게 부풀어오르는 당신의 춤은 참 보기 아름다웠습니다
설탕처럼 반짝이는 불빛 아래 둘러선 사람들은 듬뿍 동전을 던졌구요
난 그런 당신을 사모했습니다 내 발걸음은 늘 당신의 거리를 향했습니다만, 내겐 눈길도 주지 않고 포근한 그릇에
파묻혀 당신은 늘 무언가 골똘히 생각하는 듯했어요
짐작건대 거리 맞은편 진열장 속 그 행복이란 보석을 생각하지 않았겠어요? 그런데 오늘 가까이서 당신을 보니
퉁퉁 부어오른 당신의 발, 부어오른 당신의 얼굴, 오오 당신은 부푼 것이 아니라
부르튼 거군요 춤을 추다 지쳐 그대로 주저앉아 빵이 된 거군요

__송찬호, 『붉은 눈, 동백』(239) 중에서

세기말 이별

이별을 그렇게 하면 쓰나
바짓가랑이 붙들고 지리멸렬 구구절절
남은 정 다 달아나게
저 세기말 사랑 좀 봐
저만치 가버린 너 붙잡으면 뭘 해
벽 한 번 쿵 치고 손 한 번 터는 그
새 밀레니엄 손잡고
졸망졸망 가는 그
시작도 끝도 경쾌해서 좋아 좋아
얼마나 만나고 헤어져야 하는데
절절한 노래 얼얼한 세기말
날려버려야지
서둘러 암전
내일 우리 만나면 모른 척하자
사랑은 짧게 이별은 더 짧게
잘 있어 잘 가
우리 이제 남남이야
해방 아 자유.

__최영철, 『일광욕하는 가구』(240) 중에서

반초도 안 되는 순간

반초도 안 되는 순간,
어떤 벽에 뚫린 구멍은
이 세상의 비극을 다
보여주었네

반초도 안 되는 순간,
어떤 벽에 뚫린 구멍은
벌어졌다 오므라들었네

그녀가 돌아올 때마다
그녀가 돌아갈 때마다
그에게는 구멍이 하나
안에서 밖으로 뚫어졌네

이 세상이 쉬 망하지 않는 이유
한없이 시간이 더디기 때문이라네

__이윤학, 『아픈 곳에 자꾸 손이 간다』(241) 중에서

아주 옛날에

네가 없으니
춥다
(소지품들을 봉투에 담는다)
조막손이 쉬고 가던
유방도 담는다
어머니보다 거기
따뜻한 품이 있었다
아주 옛날에……

_ 김영태, 『그늘 반근』(242) 중에서

자욱한 사랑

세상에! 네 몸 속에 이토록 자욱한 눈보라!
헤집고 갈 수가 없구나
누가 가르쳐주었니?
눈송이처럼 스치는 손길 하나만으로
남의 가슴에 이토록 뜨거운 낙인 찍는 법을
세상에! 돌림병처럼 자욱한 눈보라!
이 병 걸리지 않고는 네 몸을 건너갈 수가 없겠구나

갓 세상에 태어난 어린 새들이
모두 이곳으로 몰려와 털갈이라도 하고 갔니?
어린 시절 뜬금없이 재발하던 결핵이라도 도졌니?
몸 속이 너무 자욱해
내 발등 위로 쌓이는 눈송이들
이 세상 시간 밖으로 쫓겨난 건 아니니?

네가 태어나기 전 먼먼 옛날부터
뜨거운 손길로 아가의 심장을 만들어오시는 그분이
아무도 몰래 넣어준 세상에서 가장 무거운 주머니
그 별이 터져서 네 몸 속에서 쏟아지고 있는가 봐

이제로부터 이 별은 시간이 흐르기 시작하는 거야

모든 삶의 밑바닥에는 끔찍하게 무겁고, 끔찍하게
힘들고, 끔찍하게 뜨거운 것 있잖아?
그 뭉쳐진 것이 터지는 날
세상에! 눈보라처럼 흐느끼는 바이러스 같은 것!
나 어떻게 이 숨찬 눈보라 건너가지?
사랑은 사랑이 있는 곳에서 가장 많이 모자란다는데

__ 김혜순, 『달력 공장 공장장님 보세요』(243) 중에서

달은 계속 둥글어지고

그대는 수박을 먹고 있었네
그대의 가지런한 이가 수박의 연한 속살을 파고들었네
마치 내 뺨의 한 부분이 그대의 이에 물린 듯하여
나는 잠시 눈을 감았네

밤은 얼마나 무르익어야 향기를 뿜어내는 것일까
어둠 속에서 잎사귀들 살랑거리는 소리 들으며
나는 잠자코 수박 씨앗을 발라내었네
입 속에서 수박의 살이 녹는 동안 달은 계속 둥글어지고
길 잃은 바람 한 줄기 그대와 나 사이를 헤매다녔네

그대는 수박을 먹고 있었네
그대가 베어문 자리가 아프도록 너무 아름다워
나는 잠시 먼 하늘만 바라보았네

__남진우, 『타오르는 책』(244) 중에서

晩鐘

호박엿 파는 젊은 부부
외진 길가에 손수레 세워놓고
열심히 호박엿 자른다
사는 사람 아무도 없는데
어쩌자고 자꾸 잘라내는 것일까
그을린 사내 얼굴
타다 만 저 들판 닮았다
한솥 가득 끓어올랐을 엿빛으로
어린 아내의 볼 달아오른다
잘려나간 엿처럼 지나간 세월
끈적거리며 달라붙는다
그들이 꿈꿔왔을
호박엿보다 단단한 삶의 조각들
삐걱이는 손수레 위 수북이 쌓인다
지나가는 사람 하나 없는데
그들이 잘라내는 적막한 꿈들
챙강대는 가위 소리
저녁 공기 틈새로 둥글게 퍼진다

__고창환, 『발자국들이 남긴 길』(245) 중에서

묵상

천주교 수위 시절
밤중에 수녀관 담에서
나를 부르던 찬모 아줌마
그 뜨거운 옥수수빵 한 조각에
나는 이 세상 사랑을 배웠으니

일일이 열거해 무엇하리오
사랑의 원천은 그렇게 나를
부르는 소리 같은 것이라
여기는 나를 바보 같다고
못난이들이 히죽거릴 때에도
나는 그런 분들을
흉내내고자 하였습니다

__ 장영수, 『한없는 밑바닥에서』(246) 중에서

아름다운 시작

아무도 없는 하늘 아래서
너무 멀리 떠밀려온 빈 배 위에서
이미 시체뿐인 네 몸에서
내 혼을 찾아내리라
내 혼은 이제 오직 나 혼자만의 것
매춘은 아름다운 시작,
날마다 만나게 될 세상의 풍경들을 말리리라
도톰한 입술처럼 말려졌을 때
향불이 되어 스며들리라
나는 쉬 사라지고 너는 너무 넓지만
내 맑은 醉氣로 드넓은 세상
단 한순간만이라도 醉中得道시킬 수 있다면
나의 매춘은 오래오래 유효하리라
내 몫의 고통스런 풍경들을
말리고 말리리라 아무도 없는
하늘 아래서 너무 멀리 떠밀려온
빈 배 위에서

_ 박라연, 『공중 속의 내 정원』(247) 중에서

처음과 사이

어깨에 걸려 있던 노란 바바리코트 자락이
살짝 나부끼면서 금발 가발의
여인은 침대로 쓰러진다
여인의 새까만 안경알에
카펫에 웅크리고 앉아 텔레비전 보며 끊임없이 통조
림을 먹어대는
사내의 옆모습이 열려진 냉장고 조명을 받는다*

새벽의 푸른빛이 창문에 번져올 때까지도
낡은 흰 구두를 벗어놓고
잠든 여인은 기척이 없다
처음 만난 여자,
처음 잠든 여자를 지나,
처음의 사내는 세면장에서 넥타이로
여인의 흰 구두를 닦는다

여인의 침대 밑에
흰 구두를 내려놓고
방문을 나서는 사내의 뒷모습이

세상 밖으로 처음으로 드러난 여인의
눈동자 속으로 걸어 들어간다

정규 방송이 끝난 시간
텔레비전에서는 흑백의 무수한
點들이 나타났다가 사라지면서
주전자 밑바닥에서 졸아붙는 물소리를 낸다
그 소리들 중 약 2퍼센트는 아직은
우리가 알 수 없는
먼 우주에서 날아온 소리라고,
1999년 11월 어느 날
또 하나의 은하계를
처음 발견한 한국의 한 천문학자는 말했다

* 영화 「중경삼림」의 첫번째 남녀.

__ 윤병무, 『5분의 추억』(248) 중에서

나는 풀 밑에 아득히 엎드려 잎에 잎맞춘다
── 산늪 4

늪에서는 물기 없이 젖어드는 눈, 살기 도는 몸기운도 부드러워진다, 내려갈 땐 어디든 돌아서 갈까, 숨막던 산길 한 허리씩 풀며 돌과 나무 속에 들어가본 적 없는 이도 기억하고 그리워하며 내리막에는 굽은 허릴 조금 세워볼까, 오, 하느님, 분지 품은 능선에는 봉긋봉긋 날아다니는 꽃봉오리 천지, 멍게 열매 두드리다 언 눈 녹는 소리 퍼트리는 동고비꽃, 어둑한 숲 속 나무 사이를 뒤져 마을길 찾아주고 홀연히 사라지는 곤줄박이꽃, 빈 움막 버려진 혼을 눈 깊이 간직하는 오목눈이꽃,

바람에 가늘게 울리는 연둣빛 향기, 아른거리는
구겨진 잡풀 하나 돌 틈에 속잎 트고,

바스락거리는 몸 속에 도는 흙내,
나는 풀 밑에 아득히 엎드려 잎에 잎맞춘다,

잎, 잎, 향긋,

__신대철, 『개마고원에서 온 친구에게』(249) 중에서

사랑의 편지
— 자전거의 노래를 들어라 7

어둔 밤, 페달을 돌려
자전거 전등을 밝히고
사랑의 편지를 읽는 사람아
그 간절함의 향기가 온 땅에 가득하기를

사랑은 늘 고통을 페달 돌려
자기를 불 밝힌다
자전거의 길을 따라 어떤 이는 와서
그 빛으로 인생을 읽고 가기도 하고
救援을 읽고 가기도 한다

그대, 부디 자전거가 가는 길로
사랑의 편지를 부쳐다오
세상의 유전이 다하고 암흑이 온다 해도
빛을 구할 데는 마음밖에 없나니
나는 나를 불 밝혀 그대 편지를 읽으리라

_유하, 『천일馬화』(250) 중에서

사랑 노래 2

눈이 내린다 거세게, 내 뺨에 부딪히지 않고 그 눈, 그 바깥에 네가 있다
눈이 내린다 지워질 듯, 도시가 화려하다 그 눈, 그 바깥에 네가 있다
바깥은 이별보다 가깝다 사랑이여, 눈은 눈보다 가깝다, 육체여
매끈하고 육중한 자동차 전시장과 숯검댕 긴 초록색 공중전화 부스
눈이 내린다 무너질 듯, 내 몸을 파묻지 않고 그 눈, 그 바깥에 네가 있다
눈이 내린다 말살하듯, 네 육체가 화려하다 그 눈 그 바깥에, 네가 있다

_ 김정환, 『해가 뜨다』(251) 중에서

마지막 눈이 내릴 때

첫눈이 내릴 때 연인들은
만날 약속한다 공원에서
카페에서 서점에서 뮤직홀에서
인생은 연극이니 극장 앞에서
만나 연애를 하고 더러는
헤어지고 가볍게 그래
마지막 눈이 내릴 때
우리는 만날 수 있을까
허연 머리칼 위로 떨어지는 눈송이 눈송이
눈송이는 떨어질까
차가운 손 마주 잡고 눈물 글썽이며
우리는 만날 수 있을까 말없이
눈 내리는 공동묘지 근처
아니면 인생은 연극이니 극장 앞에서
아니면 이젠 없어진 뮤직홀에 앉아
나직이 드뷔시나 들으며
마지막 눈 소리나 들으며

__문충성, 『허공』(252) 중에서

유언을 읽으며
—— 꿈 25

한 여자가 유언을 남긴다 유언을 읽으며 보니 잘 개켜 접은 분홍 수건 밑에 물고기 한 마리가 죽어 있다 그 물고기를 들어내니 또 한 마리가 죽어 있다 두 마리 모두 장조림이 된 것처럼 검게 부패했다

한 남자에 대한 절망이
또 다른 남자에 대한 사랑으로 이어졌다면
또 다른 남자에 대한 좌절이
그녀를 죽음으로 몰고 갔을까
아니, 몰고 가기를 바라는 것일까
그녀로부터 문득
청첩장이 날아올 것 같다

__김점용, 『오늘 밤 잠들 곳이 마땅찮다』(253) 중에서

연오랑과 세오녀처럼
— 한승원 형에게

무지막지한 폭풍이 아무 예보도 없이
몰려와 살구나무의 살구들과 사과나무의
사과들과 돌배나무의 돌배들을 모조리
떨어뜨리고 간 뒤에도 우리나라의
전설에 등장하는 연오랑과
세오녀는 남해에 꿈쩍 않고
있다 눈부신 빛으로 있다
새야! 오늘 창가로 날아와
너는 오랫동안 울지만 나는
조금도 흔들리지 않는다
영원으로 가는 너는 거기 연오랑과
세오녀처럼 있고 연오랑과 세오녀처럼
부신 빛을 토해내면서 아름다운 소리로
울고 있다

_ 최하림, 『풍경 뒤의 풍경』(254) 중에서

몸이 열리고 닫힌다

몸 속에 웹브라우저를 내장하게 되었어. 야금야금 제 속을 파먹어 들어가는 달. 신이 몸 속에 살게 되었어. 신은 이제 몸 속에서 키울 수 있는 존재야. 몸 속에는 사철나무. 산. 목이 잘린 불상. 금칠이 벗겨진 십자가. 당신이 보낸 천년에 한 번 우는 새. 당신이 내게 올 때 걸었던 최초의 오른발과 왼발. 기어이 제 살을 다 파먹은 달. 그물로 된 달. 그물에 걸린 신들의 꼼지락거리는 손가락들과 발가락들을 생각해봐. 몸 속이 점점 비좁아지고 있어. 십계명을 새긴 돌이 자궁 속을 굴러다니고 있어. 사막을 건너 아버지가 찾아와. 내 몸이 신전이니 죽은 아버지가 새벽마다 기도해. 몸 속은 무덤이 아니야. 방금 네가 날 검색했잖니. 서른 닢의 은전도 받지 않고. 새벽은 아직 멀었는데. 쉬지 않고 아버지를 부정해. 더 이상 신전은 몸 밖에는 없어. 이제 낮과 밤은 몸 속에서 만나고. 낮과 밤은 몸 속에서 헤어지고. 신들은 내 몸을 로터스 꽃처럼 먹고 꾸역꾸역 자라. 몸은 구멍투성이야. 신들의 취미는 피어싱. 구멍은 신들의 수유구. 아니면 주유구. 세상은 구멍이야. 만개하는 몸이야. 열리고 닫히는 몸

__이원, 『야후!의 강물에 천 개의 달이 뜬다』(255) 중에서

너무 늦은 가을

이제 사랑이라고 부를 수도 없게 돼버렸다

기억마저 잇몸이 들떠 아프다

누군가, 마지막 여름의 가래를 길게 돋워
모래땅에 뱉는다 모래알들이
좋다고 가래침에 둥글게 달라붙는다

여름날 보았던 미친 여자는 貞操한 맏며느리가 돼 있었다

먼지 낀 좌판에는
철 지난 과일들이 不安으로 더 윤기가 돌았다

무슨 過去를 기억했는지
새떼들이 눈 딱 감은 채 낄낄거리며 날아가고 있다

포경수술을 마친 아이의 性器 끝에서 고름이
일찍 져버린 가을꽃처럼 말라붙어 있다

붉은 무덤엔 양귀비꽃들 마른 씨들과 함께 피었다

피임하듯 흔적 없는 戀愛, 바람의 欄干에 허리를 기대고 섰다

상수리나무, 상수리나무 주문처럼 천 번을 중얼거렸다
겉껍질을 벗어난 알몸의 상수리 열매
갈잎의 私娼街 속에 쏙 숨어버린다

병신, 그것도 못 해!
개 두 마리 서로 반대 방향을 한 채, 낑낑거린다
떨어지려 할수록 쾌감은 붉은 혀를 뽑아내고 있다

돌아오는 길, 늙은 거지를 만났다
그는 뭔가를 감추고 있는 것만 같다 더러움이
그의 비밀을 잘 품어준 것만 같다 둥지!

애인 대신, 입술이 쪼글쪼글한 모과 하나를 호주머니에 품고 왔다

__유종인, 『아껴 먹는 슬픔』(256) 중에서

留別 2

다음 세상에서 만나면
끊긴 인연의 실을 찾아

저승 어느 호젓한 길목에서
문득 마주 서면

내 어리석음이 조금은 씻겨
그때는 헤어지지 않으리.

나는 아느니.
아득한 내 가슴은 아느니.

어디에고
다음 세상은 없다는 것을.

__ 복거일, 『나이 들어가는 아내를 위한 자장가』(257) 중에서

그녀에게서 몸을 빼다

 용인성당 젊은 사제는 소금인형 이야기로 주례사를 시작했다
 하객 없는 결혼식은 7년간의 동거를 끝낸다는 선언이었다

 소금인형이 긴 여행 끝에 다다른 곳은
 검푸른 바다였습니다
 소금인형은 바다를 보고 물었습니다
 네 이름이 뭐니? 나? 바다라고 불러
 바다가 뭔데? 어떻게 하면 너를 알 수 있니?
 네 발을 내게 담가봐 그럼 나를 알 수 있을 거야
 소금인형은 바다에 한쪽 발을 밀어넣었습니다
 소금인형은 소리 없이 사라지는 발을 보며 말했습니다
 바다야 그래도 나는 너를 알 수 없는걸
 그럼 나머지 발도 넣어봐
 소금인형은 나머지 발을 바다에 넣었습니다
 그 발도 소리 없이 사라졌습니다
 그래도 너를 모르겠어
 그럼 네 몸뚱이 전부를 넣어봐

소금인형은 바다에 온몸을 담갔습니다
몸뚱이가 소리 없이 사라지고 있었습니다
소금인형은 사라지는 제 몸뚱이를 보며 말했습니다
이제야 너를 알 수 있을 것 같아
바다는 사라지는 소금인형에게 말했습니다
서로에게 모든 것을 주지 않으면서
서로를 알았다고 말하는 건 거짓말이야
이 말에 소금인형은 대답할 수 없었습니다

그는 주례사를 끝낸 젊은 사제를 노려보았다
그는 7년 동안 그녀에게 담갔던 몸을 빼고 있었다
그녀의 몸에서 낮달 하나 몸 저쪽으로 지고 있었다

__ 김윤배, 『부론에서 길을 잃다』(258) 중에서

낙화유수

 네가 죽어도 나는 죽지 않으리라 우리의 옛 맹세를 저버리지만 그때는 진실했으니, 쓰면 뱉고 달면 삼키는 거지 꽃이 피는 날엔 목련꽃 담 밑에서 서성이고, 꽃이 질 땐 붉은 꽃나무 우거진 그늘로 옮겨가지 거기에서 나는 너의 애절을 통한할 뿐 나는 새로운 사랑의 가지에서 잠시 머물 뿐이니 이 잔인에 대해서 나는 아무 죄 없으니 마음이 일어나고 사라지는 걸, 배고파서 먹었으니 어쩔 수 없었으니, 남아일언이라도 나는 말과 행동이 다르니 단지, 변치 말자던 약속에는 절절했으니 나는 새로운 욕망에 사로잡힌 거지 운명이라고 해도 잡놈이라고 해도 나는, 지금, 순간 속에 있네 그대의 장구한 약속도 벌써 나는 잊었다네 그러나 모든 꽃들이 시든다고 해도 모든 진리가 인생의 덧없음을 속삭인다 해도 나는 말하고 싶네, 사랑한다고 사랑한다고…… 속절없이, 어찌할 수 없이

　__ 함성호, 『너무 아름다운 병』(259) 중에서

사랑

곱추 여자가 빗자루 몽둥이를 바싹 쥐고

절름발이 남편의 못 쓰는 다리를 후리고 있다

나가 뒈져, 이 씨앙-놈의 새끼야

이런 비엉-신이 육갑 떨구 자빠졌네

만취한 그 남자

흙 묻은 목발을 들어 여자의 휜 등을 친다

부부는 서로를 오래 때리다

무너져 서럽게도 운다

아침에 그 여자 들쳐 업고 약수 뜨러 가고

저녁이면 가늘고 짧은 다리 수고했다 주물러도

돌아서 미어지며 눈물이 번지는 인생

붉은 눈을 서로 피하며

멍을 핥아줄 저 상처들을

목발로 몽둥이로 후려치는 마음이 사랑이라면

사랑은 얼마나 어렵고 독한 것인가?

― 김중, 『거미는 이제 영영 돼지를 만나지 못한다』(260) 중에서

사랑하는 이에게

빛과 빛이 싸우고 있군요
어둠이 생길 거예요
시간과 바람이 껴안고 있어요
물이 생긴답니다
하늘엔 적막한 기운이 감돌고
땅에는 쓸쓸한 감촉뿐이지만
그대 몸에는 불이 생기는 군요
자 이제 눈을 감고 누군가 불러보아요
어둠 속에서 한 방울이 흐를 거예요
차가운 얼음이 뜨뜻하게 느껴지면
뜨거운 화로가 차갑게 느껴지면
그대 귀에는 아주 나지막한 목소리가 들릴 거예요
누군가 몹시도 애타게 부르는 소리지요
산에서 바다에서 그리고 그대의 빛나는 눈동자에서
별이 뜨는 소리지요
세상은 살 만한 곳이 아니라 믿는 그대 가슴에
왜 사나 하는 한숨이 몹시도 강하게 일어나면
그때 별이 뜨는 소리에
나뭇잎이 피어나고 꽃이 꿈틀거리는 거지요

나 이제 그대와 어느 누구와도 싸우지 않을 거예요
사랑은 원래 없으니까요
그래요 나는 떠나지도 못하고 남지도 않겠지만
바람이 어둠에서 내 이름 찾을 거예요
그때 내 미소 한 번 보고
눈 감으면 그대 할 일을 다했다고
살아야겠다고 고개 숙여
다시 한 번 살아봐야겠다고

_조인선, 『황홀한 숲』(261) 중에서

비밀

나를 기다리는 우연 하나
이미 지나쳤으니
네가 와서 들추면 지워진 자취,

그게 비밀이라고요?

그렇다면, 들쭉 그늘 색칠하다 환한 잠드는 바람
해바라기 검은 씨앗 속 햇살 구름 눈꺼풀이 덮고
지나는 날 빛 푸름 물곬의 섶 뒤지다 심심해지는
밀물 어스름 수평 아래로 막 잠기는 일몰의 행방
들고 나는 이의 신음 소리 쓰다 지우는 시……

비밀은,
가슴에 들켜야 쟁쟁한 비밀이니

감추다 몰래 꺼내놓다
다시 망설이는
그 사소한 흔적들 모두

내 비밀이라니!

— 김명인, 『바다의 아코디언』(262) 중에서

빗방울을 흝다

그녀 웃자 그녀 쪽 유리잔이 떨렸다
그녀 고개 들자 내 잔 속 물이 떨었다
그녀와 나는 남남으로 만났고
그녀와 나는 남남으로 남는다
낮 두 시 찻집 베트남
그녀와 나는 할 말이 없다
창밖 인조 대숲에선 빗발이 글썽거리고
그녀 낮은 콧등처럼
그녀 외로움도 저랬을까
그녀를 두고 간 옛 남자의 반지 자국이
그녀 짧은 손가락 마디를 기어 나와
바깥 창 빗방울 잠시 흝는다.

_ 박태일, 『풀나라』(263) 중에서

사랑은

1

사랑은 그렇게 왔다.
얼음 녹는 개울의 바위틈으로
어린 물고기가 재빠르게 파고들 듯이
사랑은 그렇게 왔다.

    알 수 없는 차가움이
    눈을 투명하게 한다.

사랑은 그렇게 왔다.
발가벗은 햇빛이 발가벗은
물에 달라붙듯이
사랑은 그렇게 왔다.

    수양버드나무의 그늘이 차양처럼
    물을 어둡게 한다.

사랑은 그렇게 왔다.

할 말 없는 수초가 말
잃은 채 뒤엉키듯이
사랑은 그렇게 왔다.

    가라앉아도 가라앉아도
    사랑은 바닥이 없다.

2

사랑은 그렇게 갔다.
미처 못다 읽은
책장을 넘겨버리듯이
사랑은 그렇게 갔다.

    말하려고 입 벌리면
    더러운 못물이 목구멍을 틀어막았다.

사랑은 그렇게 갔다.

날아가며 남겨둔 여린
가지가 자지러지며 출렁이듯이
사랑은 그렇게 갔다.

    손이 닿지 않는 곳에서만
    꽃들은 예쁘게 피어났다.

사랑은 그렇게 갔다.
이미 범람해버린 강물이
지루하게 제 수위를 회복해가듯이
사랑은 그렇게 갔다.

    사랑이 어루만진 부위에
    홍수가 휩쓸고 간 잔해가 남았다.

    3

사랑은 그렇게 왔다.

사랑은 그렇게 갔다.

기포가 떠오르고
말할 수가 없다.
__ 채호기, 『수련』(264) 중에서

너 떠난 밤

딱따구리 부리 가을산 젖은 목피를 쪼네
도무지 쉴 새 없네 딱, 딱, 딱
너 떠난 밤, 몰아치는 삭풍
밀려드는 시간의 파도의
소리로 지은 막다른 집 한 채
아무리 눌러대도 소용없네
거대한 밤하늘은 도무지 쓸모없는 리모컨이네
출구를 막아버린 소라고둥 속
고요가, 고요히 불타며 꺾어지네 딱, 딱, 탁

__ 김명리, 『불멸의 샘이 여기 있다』(265) 중에서

축제의 꽃

가령 꽃 속에 들어가면
따뜻하다.
수술과 암술이
바람이나 손길을 핑계 삼아
은근히 몸을 기대며
살고 있는 곳.

시들어 고개 숙인 꽃까지
따뜻하다.
임신한 몸이든 아니든
혼절의 기미로 이불도 안 덮은 채
연하고 부드러운 자세로
깊이 잠들어버린 꽃.

내가 그대에게 가는 여정도
따뜻하리라.
잠든 꽃의 눈과 귀는
이루지 못한 꿈에 싸이고
이별이여, 축제의 표적이여.

애절한 꽃가루가 만발하게
우리를 온통 적셔주리라.

__마종기, 『새들의 꿈에서는 나무 냄새가 난다』(261) 중에서

첫사랑

안개 속에서 부들솜 같은
안개의 입자를 만진다 다시
첫경험이다

처음이자 마지막인 사랑이 살그래
바다로 흘러간다
처음이자 마지막으로

잠들어 있던 파도에서 피어나는
꽃숭어리
다시
안개가 덮어준다

안개에 밀려 안개가 걷힌다

__ 차창룡, 『나무 물고기』(267) 중에서

쨍한 사랑 노래

게처럼 꽉 물고 놓지 않으려는 마음을
게 발처럼 뚝뚝 끊어버리고
마음 없이 살고 싶다.
조용히, 방금 스쳐간 구름보다도 조용히,
마음 비우고가 아니라
그냥 마음 없이 살고 싶다.
저물녘, 마음속 흐르던 강물들 서로 얽혀
온 길 갈 길 잃고 헤맬 때
어떤 강물은 가슴 답답해 둔치에 기어올랐다가
할 수 없이 흘러내린다.
그 흘러내린 자리를
마음 사라진 자리로 삼고 싶다.
내림 줄 쳐진 시간 본 적이 있는가?

__ 황동규, 『우연에 기댈 때도 있었다』(268) 중에서

휘어진 길

내 마음은
거기까지밖에 보지 못합니다.
내 마음은
거기까지밖에 걷지 못합니다.
내 마음은
거기서부터 진공 상태입니다.

휘어진 길을 따라
내 마음도 휘어져
버젓이 튕겨집니다.

나는 눈이 멀었습니다.

그대가 떠나가고
커브에 오동나무가 서 있습니다.
지금은 베어진 오동나무
보도블록에 덮인 오동나무
꽃을 피우고 있습니다.

보랏빛 종들
수백 개 스피커에서
알지 못할 향기가 흐릅니다.

질식할 것 같아
눈을 뜨고 맙니다.

— 이윤학, 『꽃 막대기와 꽃뱀과 소녀와』(269) 중에서

서시

입구와 출구를 아무도 모르는
말의 사원
흐르는 길에는
꽃들의 울음이 만발하는데
우리의 오래된 슬픔이 공중에 목을 달고
이 봄날 또 꽃으로 피어나는데
0時에서 0時로 가는
물안개 서리는 지상에서
몸 안의 길을 따라
몸 밖, 세상을 걸어가는
당신과 나의
한없이 쓸쓸하고 더딘 보행
몸이 꿈꾸는 죽음 곁에서
살기를 열망하는 마음이
울타리 넘어 몇 발자국 앞질러 가며
어서 오라고 손짓하는데

_ 김길나, 『둥근 밀떡에서 뜨는 해』(270) 중에서

바람둥이

봄볕의 따스한 손길
닿는 곳마다
겨울잠에서 깨어나
기지개를 켜면서
산수유와 목련
개나리와 진달래
꽃망울 터뜨리고
게으른 모과나무 가지에도
새싹들 뽀족뽀족 돋아납니다
아직도 깊은 잠에 빠진
능소화와 대추나무
마구 흔들어 깨우려는 듯
횡단보도 아랑곳없이 한길을 가로질러
달려오는 봄바람 맞아
벽돌 담벼락 기어오르는 담쟁이덩굴
움찔움찔 몸을 비꿉니다

_ 김광규, 『처음 만나던 때』(271) 중에서

1997년 12월 3일 서울

남루,
몇 장
양지바른 곳, 얼굴 들고
사진 몇 장
찍히고
언제 줄래?
담에 만날 때……
빛바랜 달력
몇 장
초겨울 안개 속에 가물가물 日出이
보이지만
누구도 장담 못 해. 웃기지 말라고
말해
기억 속에 남을 건, 다시
남루,
몇 장
나, 여기 있다고 누가 물어?

초겨울 나뭇가지에서 떨어지는, 구겨진

또는 빛바랜 기억

몇 장

__이영유, 『검객의 칼끝』(272) 중에서

마라도 바다국화

뿌리로 검은 바위 끌어안고
난바다 거센 파도 소리 삼키며
모진 바람에 고개 숙여
잔디처럼 바닥을 기다가도
꽃만은 그윽이 푸른 가을 하늘
마주 보며 피우누나

내가 아는 눈빛 맑은 여인
세상살이 온통 허무해져
바다에 몸 던지러 왔다가
바다국화 꽃 피우는 모습 보고는
마음 다잡고 다시 삶의 자리로
돌아가게 됐다는구나.

__ 최두석, 『꽃에게 길을 묻는다』(273) 중에서

공기의 꿈

저 부유하는 무허가의 땅
공중을 출렁이는 마음의 눈들
웃음 주고받긴 켜켜이 쌓인 먼지
구름
먹구름
먹장구름
그
운명적 사랑으로
비를 만들고 싶다
눈을 낳고 싶다

__이찬, 『발아래 비의 눈들이 모여 나를 씻을 수 있다면』(274) 중에서

꽃은 어제의 하늘 속에

사랑은 사랑하는
사람 속에 있지 않다
사람이 사랑 속에서
사랑하는 것이다

목 좁은 꽃병에
간신히 끼여 들어온 꽃대궁이
바닥의 퀘퀘한 냄새 속에 시들어가고
꽃은 어제의 하늘 속에 있다

__이성복, 『아, 입이 없는 것들』(275) 중에서

# 어제

나는 너를 잊었다, 태양이 너무 빛났다
내 집 유리창이 녹아버린다, 벽들이 흘러내리고
시간의 계곡으로 나는 내려가고 싶다

어릴 적에는 어제를 데려다 키우고 싶었다
오 귀여운 강아지, 강아지들, 내
가 굶겨 죽인 수백만 마리

강철 종이의 포클레인으로
어제들의 거대한 공동묘지를 뒤집을까?
오늘 혼자 부르는 노래는 지겹다
그러므로 나는 오늘을 명명한다, 베껴 쓰기의 시간
이 돌아왔다고

플라톤을 베낀다 마르크스를 베낀다 국가와 혁명을
베낀다
무엇을 할 것인가를 베낀다
어떤 목소리는 바위처럼 단단하고
어떤 목소리는 바위에 떨어지는 빗물 같다

오늘의 메마른 곳에 떨어진
어제라는 차가운 물방울

무수한 어제들의 브리콜라주로 오늘의 화판을 메워야 한다
태양이 너무 빛났다, 어제와 장미 향기가 다 증발하기 전에
너를 그려야 한다

__ 진은영, 『일곱 개의 단어로 된 사전』(276) 중에서

46 빈 손

  당신을 원하지 않기로 한 바로 그 순간 나는 떠돌이가 돼 그것을 놓았는데 다른 무얼 원할까 그 무엇도 가지기가 싫은 나는 빈 손, 잊자 잊자 혀를 깨물며 눈을 감고 돌아눕기를 밥먹듯, 벌집처럼 조밀하던 기억의 격자는 끝내 허물어져 뜬구름, 이것이 내가 원하던 바로 그것이긴 한데 다시 생각해보면 어떻게 이렇게 잊혀지고 말 수가 있을까 바로 그 때문에 슬픔은 해구보다 더 깊어져 나는 내 빈 손을 바라보다 지문처럼 휘도는 소용돌이 따라 망각의 우물로 더 깊이 잠수하며 중얼거려 잊자 잊자

  __성기완, 『유리 이야기』(277) 중에서

8월의 사랑

나는 늘 한애라고 생각했어요. 내 사랑하는 쌍둥이들아, 흩어지면…… 흩어지면 함께 죽는 거야. 똑같은 옷을 입히고 똑같이 말하게 연습시켰어요. 내 사랑하는 쌍둥이들아,

나는 매일매일 아이들을 낳지. 혼자 있고 싶은 때도 있었어요. 우린 똑같이 우울해요. 내 사랑하는 쌍둥이들아, 나는 때때로 위로가 필요하지 않단다. 8월에는 산으로 바다로 바캉스라도 떠나렴. 우린 너무 뜨거운 사랑이니

몇 명의 아이들이 물놀이를 하다가 빠져 죽었어요. 연애에 빠진 아이도 있었죠. 나는 혼자 있고 싶지 않은 때가 더 많았어요. 나는 늘 한애라고 생각했거든요. 내 사랑하는 쌍둥이들아, 나는 똑같은 옷을 입고

푸른 계곡을 삑삑거리는 호루라기 소리를 나는 민박집에 드러누워 듣고, 나는 으슥한 공원에서 남자애와 입을 맞추고, 나는 고독하게 보초를 서지. 울면서, 흩

어지면…… 흩어지면…… 하고 중얼거리지. 8월에만

우린 잠깐 죽었다 깨어났어요.

─ 김행숙, 『사춘기』(278) 중에서

미모사 1

 당신의 손을 닮은 폐곡선이 있지 그 손을 자주 닫히게 만드는 또 다른 손들 파르르한 정맥으로 우아하게 만났다 은근하게 헤어지는 손들이 있지 말없는 힘의 언어와 말하지 않는 언어의 힘 그 현란한 손금들을 소리 내어 읽어낼 힘이 내겐 없지만 당신의 손을 닮은 우아한 폐곡선엔 우리의 무의식적인 포옹을 넘어서는 격렬함이 있지 모든 폐곡선 안엔 충동의 눈 먼 춤사위가 있지 미모사처럼 닫히는 당신의 손안엔 날아오를 듯 날개를 접는 나비 한 마리 있지

　__심재상, 『넌 도돌이표다』(279) 중에서

따뜻한 흙

잠시 앉았다 온 곳에서
씨앗들이 묻어 왔다

씨앗들이 내 몸으로 흐르는
물길을 알았는지 떨어지지 않는다
씨앗들이 물이 순환되는 곳에서 풍기는
흙내를 맡으며 발아되는지
잉태의 기억도 생산의 기억도 없는
내 몸이 낯설다

언젠가 내게도
뿌리내리고 싶은 곳이 있었다
그 뿌리에서 꽃을 보려던 시절이 있었다
다시는 그 마음을 가질 수 없는
내 고통은 그곳에서
샘물처럼 올라온다

씨앗을 달고 그대로 살아보기로 한다

_조은, 『따뜻한 흙』(280) 중에서

그때는 설레었지요

그때는 밤이 되면
설레어 가만히
집 안에 있을 수 없었지요

어둠이 겹주름 속에
감추었다 꺼내고
감추었다 꺼냈지요, 만물을

바람이 어둠 속을 달리면
나는 삶을 파랗게
느낄 수 있었어요
움직였지요
삶이 움직였지요
빌딩도 가로수도
살금살금 움직였지요
적란운도 숲처럼 움직였지요

나는 만물이 움직이는 것을
자세히 보려고 가끔 발을 멈췄어요

그러면 그들은 움직임을 멈췄어요
그들은 나보다
한 발 뒤에 움직였어요
달린다, 달린다,
움직인다, 움직인다,
우리는 움직임으로 껴안았지요

그때는 밤이 되면
설레어 가만히
집 안에 있을 수 없었어요

바람이 어둠 속을 달립니다
전신이 팔다리예요
바람이 자기의 달림을
내 몸이 느끼도록
어둠 속에 망토를 펄럭입니다
나는 집 안에서
귀기울여 듣습니다
바람은 달립니다

어둠의 겹주름 속을

그때는
밤이 되면
설레어 가만히
집 안에 있을 수
없었지요.

__황인숙, 『자명한 산책』(281) 중에서

그녀

거리에서 한 여자가 스쳐간다
불현듯 아주 낯익은, 뒤돌아본다
그녀는 나와 상관없는 거리로 멀어진다
도무지 생각나지 않는,
철 지난 외투 주머니에서 발견된 메모지처럼 그녀는

기억의 지느러미를 흔들고 거슬러 오르면
전생의 내 누이,
그보다 몇 겹 전생에서
나는 작은 바위였고 그녀는 귀퉁이로 피어난
들풀이었는지 모른다
그녀가 벌레였고 나는 먹이였거나,
하나의 반짝거림으로 우주 속을 떠돌 때
지나친 어느 별일지 모른다

뒤돌아보는 사이, 수천 겁의 생이 흘러버리고

그녀가 시야에서 사라졌다
스쳐간 바람, 또는 향기는 아니었을까

반짝이며 내 곁을 지나친 무수한 그녀들,
먼 별을 향해 떠나가고.

__배용제,『이 달콤한 감각』(282) 중에서

終生記

長明燈 불빛을 오래 밝혀다오
자줏빛 남빛 깃을 단 소렴금 대렴금으로
나를 꽁꽁 묶어다오
皐復일랑 하지 말아다오

살아도 살아도 고통은 새록새록 새로웠다
나뭇잎 말라비틀어져도
치욕은 파릇파릇 잎을 틔웠다
이제
이른 봄에 돋아나는 새싹 같은 그것들을
데리고 간다

누구도 알아차릴 수 없도록
마음이 타올랐다 꺼지고 또 타오르고
그렇게 쌓인 재들이 수북하게
가슴을 가득 메웠던
내 사랑은

살아서 단 한 번도 나의 것이지 않았던 죽음은,

기억하지 말아다오
살아서 단 한 번도 나의 것일 수 없었던
모든 그리운 것들의 거처를

_조용미, 『삼베옷을 입은 자화상』(283) 중에서

항아리

오랫동안 나는 항아리에 담긴 것이 어둠인 줄로 알았다

항아리에 귀 대고 들으면
우웅우웅 울리는 것이
어둠이 내는 소리인 것으로 생각했다
어둠은 깊고 따뜻하고
부드러울 줄로 알았다

가슴속에 항아리 하나 품고
평생을 어루만지며 사는 사람이 되려
나는 얼마나 많은 것을 일찍이 포기했던가

깊고
따뜻하고
부드러운
어둠을 껴안기 위해
나는 번쩍이는 도끼를 버렸다

그런데, 이제, 항아리 속을 들여다보니
거기 담긴 것은 어둠이 아니었다
부서진 꽃, 흩어진 뼈, 몇억 몇천만 년의
고독과 침묵
그런 것들이 그르렁거리며
몸부림치고 있었다

항아리를 차라리
가슴속 깊은 곳으로
밀어 넣고, 오늘부터
내가 항아리가 되었다

항아리가 된 나를
어둠의 깊이와 따뜻함과
부드러움을 사랑하는 누가 와서
쓰다듬어 다오
내가 눈물로 그르렁거릴 때
그대는 우웅우웅 운다고 말하며
부드럽게 어루만져 다오

__조창환,『수도원 가는 길』(284) 중에서

가까스로 당신 안에서

자그마한 풀꽃 한 송이 들여다보아도
부끄럽습니다. 이른 아침, 꽃잎에 맺혀
둥글게 글썽이며 햇살을 되비추는 물방울,
그 작디작지만 맑고 투명한 글썽임이
더욱 부끄럽게 만듭니다. 나는 가까스로
들숨 날숨, 당신 안에서 이마를 조아립니다.

한때는 날아오르는 꿈을 꿨습니다. 그 꿈속에
사닥다리를 놓고 오르기도 했습니다.
사닥다리 끝에서는 다시 내려와야 했고
날아오르려 할수록 깊이 떨어져내렸습니다.

그다음의 길은 내려가기였습니다.
더 내릴 수 없을 때까지 내려가고, 심지어
깊은 물 속에 나만의 집을 짓고 방을 만들어
아득하게 푸른 창을 내려고도 했습니다.

또 한때는 올라가다 내려가고, 내려가다가는
오르는 길을 찾아 헤맸습니다. 올라가려 해도,

아무리 내려가보아도, 길은 안 보였습니다.
길은 있어도 눈이 어두워 보이지 않았습니다.

하지만 이제야 느끼고 있습니다. 마음 낮추고
오직 당신 안에서 무릎을 꿇습니다.
한 송이 풀꽃이 피워 올리는 생명의 불꽃,
그 언저리에서 둥글게 글썽이는 물방울의
햇살 되비추기에도 얼마나 눈물겨운지,
얼마나 넉넉한 당신 품 안인지, 깨닫고 있습니다.

__ 이태수, 『이슬방울 또는 얼음꽃』(285) 중에서

차가 막힌다고 함은

차가 막힌다고 함은, 도로에 차가 많아서, 아니다, 도로의 수용 능력보다 차의 대수가 많아서, 아니다, 도로의 표면적보다 차의 표면적이 많아서, 이제는 분명하다. 일정한 구간에서 차들의 표면적의 합이 도로의 표면적의 합에 가까이 도달하여, 더욱 분명해진다, 차들의 표면적의 합과 차가 원활하게 움직일 수 있는 필수 여유 공간의 합이 도로의 표면적의 합을 초과할 때를 말하는 것이다. 그러나,

사랑하는 이여, 내가 너를 사랑한다고 말할 때에 그것은 내가 너를 사랑한다는 말이다

__김연신, 『시인, 시인들』(286) 중에서

無人島

우리가 서로에게 젖다 다시 홀로 스스로의 길로
걸어 돌아갈 때 언뜻 스쳐 지나가는 부드러우면서도
삐걱거리는 외로움을 마음에 새겨두라
그 외로움의 성분에 곰팡이가 끼고 누룩 뜰 때쯤
어느 멀리서는 이기지 못하는 괴로움으로 햇불을 피우고
더 먼 곳에서는 유해들이 배를 깔고 탄식하는 소리로
적막하기 그지없는 밤을 채우기도 하니까
바깥에서, 높은 곳에서, 운명이 비웃으며
우리들에게 약속의 증서를 써주었던 손으로
계약서를 찢어버리고 창문으로부터는 봄에 머물렀던
나뭇가지들이 기어올라온다, 어리석게도
껍질이 벗겨지는 곳에서 강이 태어나고
기념비적인 죽음도 생겨나리라, 서서히 묘역에서는
사랑했지만 이별한 사람이 먹다 남은 빵이 노래에 싸여
굳어지는 것을 본다

_ 박주택, 『카프카와 만나는 잠의 노래』(287) 중에서

얼굴

당신 속에는 또 하나의 당신이 들어 있습니다

당신 속의 당신은 당신의 몸을 안으로 단단히 당겨 잡고 있습니다 그래서 당신의 손톱은 안쪽으로 동그랗게 말려들고, 당신의 귓바퀴 또한 당신의 몸속으로 소용돌이치며 빨려들고 있습니다 당신 속의 당신이 당신을 당겨 잡은 그 손을 놓는 순간 당신은 아마 이 세상에 없을 겁니다

당신의 얼굴은 당신 속의 당신이 당신을 팽팽하게 당기고 있는 모습 그대로 굳어져 있습니다 가끔 그 얼굴이 당신 밖의 내 얼굴로 기울어지기도 하고, 당신의 두 눈동자 속에서 나를 내다보는 당신 속의 당신을 내가 느끼기도 하지만 당신 속의 당신이 당신을 당겨 잡은 그 손을 놓은 적은 한번도 없습니다 당신은 여전히 팽팽히 당겨져 있습니다 당신의 얼굴은 그 긴장을 견디느라 이제 주름이 깊습니다

당신 속의 당신은 또 얼마나 힘이 센지 내 속의 내

가 당신 속으로 끌려 들어갈 지경입니다

　당신은 지금 붉은 포도주를 한 잔 마시고 치즈를 손에 들었습니다

　내 속의 나는, 치즈는 우유로 만들어졌다는 걸 상기합니다 그리고 곧 이어서 그 우유는 어느 암소 속의 암소가 내뿜은 걸까 고민합니다

　혹 당신이 멀리 떠나 있어도 당신 속의 당신은 여기에 또 있습니다 나는 당신 속의 당신을 돌려보내지도, 피하지도 못합니다

　아마 나는 부재자의 인질인가 봅니다

　내 속의 내가 단단히 나를 당겨 잡고 있는 동안 나 또한 살아 있을 테지만 심지어 나는 매일 아침 내 속의 나로 만든 치즈를 당신의 식탁 위에 봉헌하고 싶어집니다

　_김혜순, 『한 잔의 붉은 거울』(288) 중에서

나를 구부렸다

복도 끝에 너는 서 있다.

너에게 가려고
가지 않으려고
나는 허리를 구부렸다.

그때 피어난 바닥의 꽃을 향해
그때 숨어든 꽃의 그림자를 향해
허리를 구부렸다.

구부러진 채
나는 펴지지 않았다.

복도를 떠돌던
나의 빛은 구부러진 채
나의 나날들은 구부러진 채
펴지지 않았다.

가만히 손을 내밀었다.

그때 흔들린 꽃에 대해
그때 사라진 꽃의 그림자에 대해

나는 말하지 않았다.
너에게 가려고
가지 않으려고

구부러진 채

__이수명, 『고양이 비디오를 보는 고양이』(289) 중에서

실상사에서의 편지

 감기에 종일을 누웠던 일요일 그대에게 가고 싶은 발걸음 돌려 실상사를 찾았습니다 자정의 실상사는 겨울이 먼저 와 나를 기다리고 천 년을 석등으로 선 石工의 살내음 위로 별빛만 속없이 반짝이고 있었습니다 상처도 없이 낙엽은 섬돌에 걸려 넘어지고 석탑의 그림자만 희미하게 얼어가는 이 거역 없는 佛心의 뜰 안에 서서〈여기 鐵佛로 支脈을 잡아 새나가는 國運을 막으리라〉정녕 그대를 사랑한 것은 내 생을 아름답게 만들기 위함이 아니었습니다 은빛 시린 서리처럼 오랜 세월 말없이 견디는 계절의 눈빛마다 속 졸이며 현상되는 기억을 대웅전 연꽃무늬 문살에 새기다가 사람의 가슴에도 깊이가 있다면 그대보다 멀리 있는 그대의 그리움 또한 아득히 잠기겠지요 실상사 긴 담장을 품고 산허리 꽃 피고 눈 내릴 때마다 더러는 못 참아 술값도 치러가며 떠나온 그 자리 여기 실상사 언제는 그립지 않은 시간이 있었냐며 풍경 소리는 바람의 몸을 더듬고 있었습니다

　__신용목,『그 바람을 다 걸어야 한다』(290) 중에서

마른 물고기처럼

어둠 속에서 너는 잠시만 함께 있자 했다
사랑일지도 모른다, 생각했지만
네 몸이 손에 닿는 순간
그것이 두려움 때문이라는 걸 알았다
너는 다 마른 샘 바닥에 누운 물고기처럼*
힘겹게 파닥이고 있었다, 나는
얼어 죽지 않기 위해 몸을 비비는 것처럼
너를 적시기 위해 자꾸만 침을 뱉었다
네 비늘이 어둠 속에서 잠시 빛났다
그러나 내 두려움을 네가 알았을 리 없다
조금씩 밝아오는 것이, 빛이 물처럼
흘러들어 어둠을 적셔버리는 것이 두려웠던 나는
자꾸만 침을 뱉었다, 네 시든 비늘 위에.

아주 오랜 뒤에 나는 낡은 밥상 위에 놓인 마른 황어들을 보았다.
황어를 본 것은 처음이었지만 나는 너를 한눈에 알아보았다.
황어는 겨울밤 남대천 상류 얼음 속에서 잡은 것이

라 한다.

그러나 지느러미는 꺾이고 빛나던 눈도 비늘도 시들어버렸다.

낡은 밥상 위에서 겨울 햇살을 받고 있는 마른 황어들은 말이 없다.

* 『莊子』의 「大宗師」에서 빌어옴. "샘의 물이 다 마르면 고기들은 땅 위에 함께 남게 된다. 그들은 서로 습기를 공급하기 위해 침을 뱉어주고 거품을 내어 서로를 적셔준다. 하지만 이것은 강이나 호수에 있을 때 서로를 잊어버리는 것만 못하다."

― 나희덕, 『사라진 손바닥』(291) 중에서

수평선 1

하늘과 바다가 內通하더니
넘을 수 없는 선을 그었구나

나 이제 어디서 널 그리워하지

__ 김형영, 『낮은 수평선』(292) 중에서

소행성 에로스에 대하여

　너는 에로스에서 태어났다 아기야. 너는 물과 불과 네 어미의 빚이 낳은 자식. 반지하의 셋방에서 어미의 몸이 썩는 더러운 공기를 마시며 걸음마를 배운다. 더듬더듬 옹알이를 뱉으며 창틈으로 들어온 햇빛을 따라 휘청휘청 걷는다. 나비처럼 한줌에 잡힐 듯한 햇빛 자꾸 달아나고 속주머니에 꽁꽁 숨겼던 네 어미의 빚이 썩는 냄새. 지울 수 없는 그 냄새가 너의 양수다, 그리운 탯줄이다, 아기야. 악취는 천천히 문틈으로 새어나가 이웃을 부르고 낯설고 무뚝뚝한 이웃들 도끼로 문 때려부술 때, 한줌 쇠냄새 나는 퍼런 공기 두 눈을 찌르고 두 살배기 아기는, 욕지기를 하며 울음을 터뜨린다. 얼굴 없는 어미의 빚 받으러 달려온 허공의 검은 별자리, 컴컴한 방에서 울퉁불퉁한 얼굴처럼 껴입고 늙어갈 때 아기야, 먼지뿐인 너의 별 에로스는 천공에서 너를 기다린다.

　— 이기성, 『불쑥 내민 손』(293) 중에서

얼룩

달팽이 지나간 자리에 긴 분비물의 길이 나 있다

얇아서 아슬아슬한 갑각 아래 느리고 미끌미끌하고 부드러운 길

슬픔이 흘러나온 자국처럼 격렬한 욕정이 지나간 자국처럼

길은 곧 지워지고 희미한 흔적이 남는다

물렁물렁한 힘이 조금씩 제 몸을 녹이며 건조한 곳들을 적셔 길을 냈던 자리, 얼룩

한때 축축했던 기억으로 바싹 마른 자리를 견디고 있다

_ 김기택, 『소』(294) 중에서

잡초가 우거진 오솔길을 지나서

그들은 어떻게 만났던가
영혼이 몸 밖으로 빠져나가면서
웅덩이를 만드는
잡초만 우거진
위로의 때늦음
눈발이 날리던가
몸 밖으로 빠져나간
영혼들이 만나던가
인적 끊긴 오솔길
때늦음, 세상의 헛것들
옷 입혀도 때늦게
찾아온 사랑
입 다물어 버리던가
어깨에 목 얹어 놓고
짐 덜어주듯
희끗희끗 날리는 눈발

__김영태, 『누군가 다녀갔듯이』 (295) 중에서

할미꽃

땡볕 속으로 너를 데리고 갔다
너의 생식기에 넣었다 뺀
꽃잎을 코끝에 갖다댔다

매독처럼 머리카락이 뭉텅뭉텅 뽑혔다
뽑힌 머리카락을 뭉쳐 손바닥으로 비볐다
까만 씨앗들이 둥근 테두리 밖으로 밀려나왔다

하늘을 쳐다보지 마라
눈뜨지 마라 생각도 하지 마라

자주색 비로드 치마를 털며
너는 부끄럽게 웃었다

__정병근, 『번개를 치다』(296) 중에서

자전거 바퀴에 바람을

한 사나흘 깊은 몸살을 앓다
며칠 참았던 담배를 사러
뒷마당에 쓰러져 있던 자전거를
겨우 일으켜 세운다

자전거 바퀴에 바람을 넣는데
웬 여인이 불쑥 나타나
양조간장 한 병을 사오란다
깻잎 장아찌를 담가야 한다고

잘 있거라
처녀애들 젖가슴처럼
탱탱한 바퀴에 가뿐한 몸을 싣고
나는 재빠르게 모퉁이를 돌아선다

근데
이미 오래전에 한 사내를 소화시킨 듯한
저 여인은 누구인가
저 여인이 기억하는,

혹은 잊고 있는 나는 누구인가

_이창기, 『나라고 할 만한 것이 없다』(297) 중에서

저녁노을, 낮은 한숨으로 지는 그대

여름 한낮 구름의 얼굴
하늘 푸른 거울에서 하야말간 낯을 지우며
햇빛은 우리 사랑의 물기를 고양이처럼 핥는다
길 떠난 사랑 또한 오지 않고

먹을거리 가게의 처마 끝엔
웬일인지 여름 고드름이 무장 열리고
오지 않는 뜨거운 사랑을 견디며
고드름을 서서 따먹는다
꼬드득, 씹는 혀끝으로 내 사랑 부르리라

사랑은 지루하게 더디고
구불구불한 날들의 끝처럼
텅 마른 그대 날 저물 듯이 오리라
그대, 구름 같은 그대
하늘 푸른 거울에 낯 붉히며 비치는 구름이여
저녁노을, 낮은 한숨으로 피었다
지는 그대

__정남식, 『철갑 고래 뱃속에서』(298) 중에서

이상한 로맨스 1

일 년에 한 번 이들은 상봉한다

광화문에서 여자의 머리칼이 나부끼면
산사의 풍경이 댕그랑거린다

남자가 계곡에 서 있을 때
여자의 머리맡에서 물소리가 난다

잠이 축축해,
여자는 형광등을 켜고
젖은 시집을 다림질한다

— 이성미, 『너무 오래 머물렀을 때』(299) 중에서

| 해설 |

연애시를 읽는 몇 가지 이유

이 광 호

    그런데 사랑이란 정확히 이런 것이다: 은밀한 생, 분리된 성스러운 삶, 사회로부터 격리된 삶. 그것이 가족과 사회로부터 격리된 삶인 이유는, 그러한 삶이 가족보다 먼저, 사회보다 먼저, 빛보다 먼저, 언어보다 먼저, 삶을 되살리기 때문이다. 어둠 속, 목소리도 없는, 출생조차도 알지 못하는, 태생(胎生)의 삶.
             — 파스칼 키냐르, 『은밀한 생』, p. 94

  그토록 끊임없이 사랑의 시가 쓰여지고 있다는 것은 놀라운 일이다. 저 낯익은 양식 속에서 새롭고도 강렬한 언어들이 끊임없이 쏟아져 나온다는 것은 말이다. 우선 이렇게 생각할 수 있다. 사랑이란 아주 보편적인 정서적 양태이며, 시간을 뛰어넘은 그 보편성이 끊임없이 사랑의 노래를 만들게 한다. 이런 관점에서 「황조가」의 시대부터 사랑의 노래는 쓰여졌다고 하겠다. 그러나 '연애문학'이 문학제도 안의 주요한 주제와 스타일로 자리 잡게 된 것은 '근대' 이후의 일이다. 여기서 '연애'라는 개념 자체에 대한 탐구가 필요하겠다. 연애라는 말과 개념의 본격적인 도입은 1910년대 이후라고 한다면, 그것은 남녀 사이의 개인적 친밀성의 영역에서 벌어지는 정서적 양태와 사건을 의미한다. 연애의 발명은 근대적 개인의 탄생과 긴밀하게 연루되어 있다. 연애와 섹슈얼리티는 모더니티의 전개와 사회에서의 공적인 영역과 사적인 영역의 분리라는 구조적 변동과 연관지을 수 있다. 그런데 명백히 현대의 사회적 산물인 연애는 사회 시스템의 일부로 작동하는 하나의 이데올로기이면서, 다른 측면으로는 제도적인 삶의 지배에 저항하는 '은밀한 생'의 영역이다. 사적 공간에서의 두 사람의 무모한 열정은 이 사회의 산물인 동시에, 이 사회를 거부하고 경멸하는 '반사회적'인 공간이다. 그리하여 수많은 연애의 문학들은 집단과 제도의 동의를 구하지 않는 사랑을 문제 삼는다.

근대적인 의미의 서정시가 개인 주체의 대상에 대한 동일화의 열망으로 빚어지는 것이라면, 연애시는 그 근대 이후 서정시의 한 전형을 이룬다. '나'와 '당신' 사이의 결합과 소통에 대한 갈망은 연애시의 기본적인 발화의 동력이다. 그런데 세상의 그 많은 연애시들은 왜 사랑의 환희를 노래하기보다는 사랑의 결여를 노래하는 것일까? 왜 사랑을 둘러싼 시적 담화들은 '당신의 부재'라는 상황으로부터 출발하는 것일까? 그렇게 늘 당신은 부재의 방식으로만 존재하며, 나의 실존은 늘 당신의 치명적인 상실을 감당해야 하는 것인가? 여기에 연애시의 근본적인 모순이 가로놓여 있다. 나와 당신의 완벽하고 지속적인 결합에 대한 열망은, 역설적으로 그것의 불가능성이라는 조건으로부터 그 강렬함을 부여받는다. '지속 가능한' 육체와 영혼의 결합은 없다. 공간을 뛰어넘는 사랑이 가능하다 하더라도 저 난폭한 시간 앞에서 막막하지 않은 사랑은 없다. 다만 구체적인 것은 현존하는 두 사람의 육체일 뿐. 불가능하기 때문에, 나는 사랑을 갈망할 수밖에 없다. 서로 다른 두 존재의 결합이라는 연애시의 욕망은, 사실은 그 어긋남에 대한 암묵적인 승인을 전제한다. 그러니 모든 연애시는 '사랑은 가능하지 않다'라고 노래하고 있는 것이 아닌가? 그럼으로써 연애의 주체는 사랑이라는 상처 속에서 실존적 동일성을 부여받는 것이 아닐까? 어쩌면 사랑을 방해하는 제도적 현실에 대한 경멸조차도, 그 사랑의 근원적인 불가능성을 은폐하는 알리바이일지도 모른다. 상처의 뼈아픈 깊이를 통해서, 연애에 처한 자는 주체성을 얻는다. 소통의 지속성이 아니라 부재의 지속성이, 사랑의 벗어날 수 없는 중독성을 보장한다. 그러니까 그 모든 부재와 상실과 환멸이 역설적으로 사랑을 증거한다. 따라서 사랑에 관한 노래들은 단지 쾌락을 향해 있지 않으며, 사랑이라는 상처를 지속적으로 후벼 파면서 쾌락과 고통이 구별되지 않는 '향유'의 지점을 향한다.

    사랑은 그렇게 왔다.
    발가벗은 햇빛이 발가벗은
    물에 달라붙듯이
    사랑은 그렇게 왔다

        수양버드나무의 그늘이 차양처럼
        물을 어둡게 한다.

    사랑은 그렇게 왔다.
    할 말 없는 수초가 말
    잃은 채 뒤엉키듯이
    사랑은 그렇게 왔다.

        가라앉아도 가라앉아도
        사랑은 바닥이 없다.
                    — 채호기, 「사랑은」 일부

  사랑이 시작되었다. 사랑의 시작은 햇빛과 물의 '발가벗은' 결합처럼 그렇게 자연스럽고 필연적이다. 그런데 시의 언어는 두 겹의 층위를 갖고 한다. 하나의 층위가 사랑이라는 사건에 대한 묘사적 진술이라면, 숨어 있는 두 번째의 층위는 사랑의 '그늘'에 대한 내적 진술이다. 두 번째 층위는 물빛을 어둡게 하는 '수양버드나무의 그늘'처럼 사랑의 시작에 알 수 없는 불길함을 드리운다. 그 불길함에 대해 "할 말 없는 수초가 말/잃은 채 뒤엉키듯이" 사랑은 불안한 침묵으로 시작된다. 바닥을 알 수 없는 곳에 가라앉은 일처럼, 사랑이 시작되는 일은 황홀하고도 불길하다.

    사랑은 그렇게 갔다.
    날아가며 남겨둔 여린
    가지가 자지러지며 출렁이듯이
    사랑은 그렇게 갔다.

        손이 닿지 않는 곳에서만
        꽃들은 예쁘게 피어났다.

    사랑은 그렇게 갔다.
    이미 범람해버린 강물이
    지루하게 제 수위를 회복해가듯이
    사랑은 그렇게 갔다.

        사랑이 어루만진 부위에

  홍수가 휩쓸고 간 잔해가 남았다.
         — 채호기, 「사랑은」 일부

 사랑이 끝나는 일은 사랑의 시작 안에 숨어 있는 불길함이 드러나는 사건이다. 새들이 하나의 나무를 떠나 날아오를 때, "여린/가지가 자지러지며 출렁이듯이" 그 진동만으로 사랑은 남겨진다. 그런데 사랑이 나무에 머물렀던 시간에서도, 손이 닿지 않는 곳에서만 피어나는 꽃처럼 사랑은 모순과 결핍으로 존재했었다. 범람한 강물이 "지루하게 제 수위를 회복"하는 표면적인 풍경 뒤에는, 사랑의 홍수가 휩쓸고 간 잔해가 있다. 풍경과 이미지로서의 사랑은 그 아래에 좀 더 잔혹한 내적 원리를 숨기고 있다. 시의 언어는 이렇게 사랑하는 '나'와 시 쓰는 '나'의 이중적 화자를 보여준다. '글 쓰는 나'의 심미적 주체가 매혹적이며 완결된 사랑의 이미지를 보여주고 싶어한다면, '사랑하는 나'의 고통의 주체는 그 사랑의 불길함과 잔혹함에 전율한다. 사랑의 담화는 이렇게 분열된 주체의 이중적 목소리를 들려준다.

 세상에! 네 몸 속에 이토록 자욱한 눈보라!
 헤집고 갈 수가 없구나
 누가 가르쳐주었니?
 눈송이처럼 스치는 손길 하나만으로

남의 가슴에 이토록 뜨거운 낙인 찍는 법을
세상에! 돌림병처럼 자욱한 눈보라!
이 병 걸리지 않고는 네 몸을 건너갈 수가 없겠구나
(중략)
모든 삶의 밑바닥에는 끔찍하게 무겁고, 끔찍하게
힘들고, 끔찍하게 뜨거운 것 있잖아?
그 뭉쳐진 것이 터지는 날
세상에! 눈보라처럼 흐느끼는 바이러스 같은 것!
나 어떻게 이 숨찬 눈보라를 건너가지?
사랑은 사랑이 있는 곳에서 가장 많이 모자란다는데
― 김혜순, 「자욱한 사랑」 일부

사랑은 자욱하다. 왜 그런가? '네 몸 속'이 눈보라처럼 자욱하기 때문이다. 너의 몸 속의 자욱함 때문에 '나'는 네 몸을 건너갈 수가 없다. 문제는 그 자욱함의 연원이다. 자욱함은 삶의 밑바닥에 드리운 '무겁고 힘들고 뜨거운 것'이 터지는 사건과 연관된다. 그런데 그것은 일종의 '돌림병' 혹은 '바이러스' 같은 것이다. 자욱함은 그러니까 전염되는 질병이다. 여기서 하나의 명제가 나타난다. "이 병 걸리지 않고는 네 몸을 건너갈 수가 없겠구나"라는 것이다. 자욱함이 전염되는 질환이라면, 나는 너의 질병에 전염되어야만 네 몸을 건널 수 있다. 여기서 자욱함은 너의 증상이면서 나의 증상이 된다. 너의 증상은 내 존재의 유일한 통로이다. 더 나아가면, 너의 증상이야말로 내 사랑을 존재하게 한다. 그리하여 또 다른 명제 "사랑은 사랑이 있는 곳에서 가장 많이 모자란다는데"가 얼굴을 내민다. 사랑은 그것이 존재하는 곳에서 가장 결핍되는 어떤 것이다. 그리하여 모든 사랑의 자리는 자욱하다. 어떻게 할 것인가? 너의 자욱함이 사랑의 유일한 길이라면, 기꺼이 그 질환 속으로 걸어 들어가는 길밖에는, 그래서 그 속에서 내 사랑을 증거하는 수밖에는……

> 반초도 안 되는 순간,
> 어떤 벽에 뚫린 구멍은
> 벌어졌다 오므라들었네
>
> 그녀가 돌아올 때마다
> 그녀가 돌아갈 때마다
> 그에게는 구멍이 하나
> 안에서 밖으로 뚫어졌네
>
> 이 세상이 쉬 망하지 않는 이유
> 한없이 시간이 더디기 때문이라네
> ── 이윤학, 「반초도 안 되는 순간」 일부

'그녀'의 방문 때마다 '그'의 몸 속에 뚫어지는 구멍은,

사랑의 비극성을 압축한다. 사랑의 흔적은 구멍처럼 생성된다. 그런데 그 구멍은 사랑의 치명적인 비극성을 보여주는 동시에 사랑의 존재감을 만들어준다. 구멍의 흔적이 아니었다면 사랑은 세상에 없다. 구멍은 사랑의 결과이며, 또한 그 자체로 증상이다. 그러니까 그녀는 그의 증상이다. 그런데 문제는 '시간성'이다. 구멍이 뚫리는 것, 혹은 증상이 드러나는 것은 '반초도 안 되는 순간'이다. 사랑의 증상은 순간적으로 드러난다. 그것이 사랑의 비극성과 덧없음을 보여주는 것이라면, 그렇다고 해두자. 그런데 이 사랑의 짧은 순간과는 달리 세상의 시간은 더디게 흘러간다. 시의 화자는 바로 그것이 "세상이 쉬 망하지 않는 이유"라고 말한다. 세속적 시간의 지루함은 사랑의 강렬한 순간성에 대비된다. 사랑은 세속적인 공간과는 다른 시간 속에 있다. 다른 시간 속에서 권태가 끼어들지 못하는 치명적인 사랑의 구멍을 만들어낸다.

슬프다

내가 사랑했던 자리마다

모두 폐허다

완전히 망가지면서

완전히 망가뜨려놓고 가는 것; 그 징표 없이는
진실로 사랑했다 말할 수 없는 건지
나에게 왔던 사람들,
어딘가 몇 군데는 부서진 채
모두 떠났다
(중략)
그러므로 나는 아무도 사랑하지 않았다
그 누구도 걸어 들어온 적이 없는 나의 폐허;
떠돌다 지나갈 뿐
나는 이제 아무도 기다리지 않는다
그 누구도 나를 믿지 않으며 기대하지 않는다
― 황지우, 「뼈아픈 후회」 일부

  직설적인 화법으로 화자는 사랑의 폐허를 말한다. 폐허란 무엇인가? 우선 폐허는 사랑의 자리에 남은 흔적이다. 그것은 존재의 '망가짐'을 의미하지만, 문제는 그 '징표' 없이는 사랑이 없다는 것이다. 지속 가능한 사랑이 없다면, 사랑이 거기 있었다는 것을 말해주는 것은 '폐허'뿐이다. 그런데 이 시의 화자는 그 폐허의 자리가 결국 '나'만의 것이었기 때문에, 나는 아무도 사랑하지 않았다는 좀 더 극단적인 진술로 나아간다. "어떤 연애로도 어떤 광기로도/ 이 무시무시한 곳에까지 함께 들어오지는/ 못했"던 것은, "끝내 자아를 버리지 못하는 그 고열의/ 神像이 벌

겹게 달아올라 신음했"기 때문이다. 나의 폐허 안에서 나는 '나'라는 '神像'을 섬겼던 것이다. 그렇다면 '나'는 정말 아무도 사랑하지 않은 것일까? 화자는 그것을 뼈아픈 후회라고 말했지만, 이 과격한 고백의 정직성은 역설적으로 그 사랑들로 인해 나의 '동일성'이 가능했음을 드러내준다. 나만의 폐허의 왕국은 "나에게 왔던 사람들"이 없었다면 건설되지 않았을 것이다. 폐허는 나만의 증상인 것처럼 보이지만, 어쩌면 그것은 사랑의 사건이 야기한 사랑의 증상이다. 그러므로 어떤 사랑으로부터도 고립을 선언하는 마지막 전언의 뼈아픔은, 아이러니하게도 사랑의 열정을 날카롭게 환기시킨다.

> 게처럼 꽉 물고 놓지 않으려는 마음을
> 게 발처럼 뚝뚝 끊어버리고
> 마음 없이 살고 싶다.
> 조용히, 방금 스쳐간 구름보다도 조용히,
> 마음 비우고가 아니라
> 그냥 마음 없이 살고 싶다.
> 저물녘, 마음속 흐르던 강물들 서로 얽혀
> 온 길 갈 길 잃고 헤맬 때
> 어떤 강물은 가슴 답답해 둔치로 기어올랐다가
> 할 수 없이 흘러내린다.
> 그 흘러내린 자리를

마음 사라진 자리로 삼고 싶다.
내림 줄 쳐진 시간 본 적이 있는가?
　　　　　　— 황동규, 「쨍한 사랑 노래」 전문

　사랑의 마지막 시간은 어디인가? "마음 없이" 살 수 있는 경지? "게처럼 꽉 물고 놓지 않으려는" 집착의 욕망을 끊고 마음 없이 살아가는 것. "마음 비우고가 아니라/그냥 마음 없이 살고 싶다"라는 것은, 어떤 근원적인 초연성의 공간을 보여준다. 애써 버려야 할 그 어떤 것도 아주 없는 그런 상태는 가능한가? 그 상태에 시인은 하나의 이미지를 부여한다. 강물이 둔치를 흘러내린 자리, "내림 줄 쳐진 시간"의 자리가 그것이다. 그 자리는 사랑의 마음이 존재했던 것을 증거하는 자리이기도 하다. 화자는 그렇게 그 시간의 내림 줄 쳐진 자리에서 초연성의 경지를 지향한다. 정확히 말하면 그렇게 '살고 싶어한다'. 그렇게 살고 싶다는 것은 아직 그렇게 되기 어렵다는 전언을 포함한다. 이를테면 이 초연한 노래의 제목은 '쨍한 사랑 노래'이다. 어떤 마음도 없이 살고 싶은 사람은 왜 '쨍한 사랑 노래'를 부를까? 그 초연함에 대한 열망조차 사랑의 일부라면, '쨍'이라는 단어의 어감이 주는 생동감은, 다시 한번 기쁘게 사랑의 아이러니를 표현한다.

　사랑은 사랑하는

사람 속에 있지 않다
사람이 사랑 속에서
사랑하는 것이다

목 좁은 꽃병에
간신히 끼여 들어온 꽃대궁이
바다의 퀘퀘한 냄새 속에 시들어가고
꽃은 어제의 하늘 속에 있다
      — 이성복, 「꽃은 어제의 하늘 속에」 전문

이제 나는 사랑에 관한 마지막 잠언에 도달했다. 사랑의 불가능성은 사랑의 외재성에서 비롯된다. 사랑은 늘 나의 바깥에 있다. 사랑한다는 것은 바깥의 사랑에 내가 잠시 속해 있는 사건이다. 그 사건의 일회성은 피할 수 없이 환멸을 동반할 것이다. "간신히 끼여 들어온" 사랑은 "바다의 퀘퀘한 냄새"를 대면해야 한다. 그 냄새야말로 환멸의 자리를 보여주는 것이면서, '환멸의 주체'를 성립하게 하는 조건이다. 사랑은 늘 '어제의 하늘' 속에 속해 있기 때문에, 모든 사랑의 시는 결국 사랑의 사건에 대한 사후 애도를 노래한다. 아무도 지금 이 순간 벌어지는 사랑을 노래할 수 없다. 사랑 노래는 사후적으로만 사랑 노래이다. 시간은 사랑을 배반하지만, 사랑은 늘 지금이 아닌 다른 시간을 바라본다. 사랑은 여전히 당신과 나를 다른 시간에 살게 하는 힘이다. 그리하여 어떤 노래는 미래의 시간을 향해 이렇게 속삭인다.

> 내 사랑 내 귀에 속삭였네
> "사랑은 나의 권력"
> 나는 내 사랑의 귀에 속삭이네
> "내 권력이 약해지지 않도록"
> "내 권력이 약해지지 않도록"
> 사랑이여
> 우리의 권력이 약해지지 않도록!
> ― 정현종, 「사랑은 나의 권력」 일부

필자 소개

고창환
1960년 서울 출생. 1996년 동아일보 신춘문예 당선. 시집『발자국들이 남긴 길』이 있음.

김광규
1941년 서울 출생. 1975년『문학과지성』으로 등단. 시집『우리를 적시는 마지막 꿈』『반달곰에게』『아니다 그렇지 않다』『크낙산의 마음』『좀팽이처럼』『희미한 옛사랑의 그림자』『아니리』『물길』『가진 것 하나도 없지만』『처음 만나던 때』등이 있음.

김규린
1968년 제주도 서귀포 출생. 1993년 한라일보 신춘문예 당선. 1994년 동아일보 신춘문예 당선. 시집『나는 식물성이다』가 있음.

김기택

1957년 경기도 안양 출생. 1989년 한국일보 신춘문예 당선. 시집 『태아의 잠』 『바늘구멍 속의 폭풍』 『사무원』 『소』가 있음.

김길나
1940년 전남 순천 출생. 1995년 시집 『새벽 날개』를 상자하면서 등단. 시집 『빠지지 않는 반지』 『둥근 밀떡에서 뜨는 해』가 있음.

김명리
1959년 대구 출생. 1984년 『현대문학』으로 등단. 시집 『물 속의 아틀라스』 『물보다 낮은 집』 『적멸의 즐거움』 『불멸의 샘이 여기 있다』가 있음.

김명인
1946년 경북 울진 출생. 1973년 중앙일보 신춘문예 당선. 시집 『동두천』 『머나먼 곳 스와니』 『물 건너는 사람』 『푸른 강아지와 놀다』 『바닷가의 장례』 『길의 침묵』 『바다의 아코디언』 등이 있음.

김연신
1952년 부산 출생. 1994년 『문학과사회』로 등단. 시집 『詩를 쓰기 위하여』 『시인의 바깥에서』 『시인, 시인들』이 있음.

김영태
1936년 서울 출생. 1959년 『사상계』로 등단. 시집 『草芥手帖』 『여울목 비오리』 『결혼식과 장례식』 『남몰래 흐르는 눈물』 『그늘 반근』 『누군가 다녀갔듯이』 등이 있음.

김윤배
1944년 충북 청주 출생. 1986년 『세계의 문학』으로 등단. 시집 『숲을 숲이게 하는 것들』 『겨울 숲에서』 『떠돌이의 노래』 『강 깊은 당신 편지』 『굴욕은 아름답다』 『따뜻한 말 속에 욕망이 숨어 있다』 『부론에서 길을 잃다』 등이 있음.

김점용
1965년 경남 통영 출생. 1997년 『문학과사회』로 등단. 시집 『오늘 밤 잠들 곳이 마땅찮다』가 있음.

김정환
1954년 서울 출생. 1980년 『창작과비평』으로 등단. 시집 『지울 수 없는 노래』 『하나의 이인무와 세 개의 일인무』 『황색 예수전 1, 2, 3』 『해방 서시』 『텅 빈 극장』 『순금의 기억』 『해가 뜨다』 등이 있음.

김준태
1948년 전남 해남 출생. 1969년 전남일보·전남매일 신춘문예 당선 『시인』에 시 발표. 시집 『참깨를 털면서』 『나는 하느님을 보았다』 『국밥과 희망』 『불이냐, 꽃이냐』 『넋통일』 『아아 광주여, 영원한 청춘의 도시여』 『칼과 흙』 『지평선에 서서』 등이 있음.

김중
1971년 대전 출생. 1999년 『문학과사회』로 등단. 시집 『거미는 이제 영영 돼지를 만나지 못한다』가 있음.

김태동
1965년 경북 안동 출생. 1991년『문학과사회』로 등단. 시집
『청춘』이 있음.

김행숙
1970년 서울 출생. 1999년『현대문학』으로 등단. 시집『사춘
기』가 있음.

김형영
1944년 전북 부안 출생. 1966년『문학춘추』, 1967년 문공부
신인예술상에 당선. 시집『침묵의 무늬』『모기들은 혼자서도
소리를 친다』『다른 하늘이 열릴 때』『기다림이 끝나는 날에
도』『새벽달처럼』『낮은 수평선』 등이 있음.

김혜순
1955년 경북 울진 출생. 1979년『문학과지성』으로 등단. 시집
『또 다른 별에서』『아버지가 세운 허수아비』『우리들의 陰畵』
『불쌍한 사랑기계』『달력 공장 공장장님 보세요』『한 잔의 붉
은 거울』 등이 있음.

나희덕
1966년 충남 논산 출생. 1989년 중앙일보 신춘문예 당선. 시
집『뿌리에게』『그 말이 잎을 물들였다』『그곳이 멀지 않다』
『어두워진다는 것』『사라진 손바닥』 등이 있다.

남진우
1960년 전북 전주 출생. 1981년 동아일보 신춘문예 당선. 시
집『깊은 곳에 그물을 드리우라』『죽은 자를 위한 기도』『타오

르는 책』이 있음.

마종기
1939년 일본 동경 출생. 1959년『현대문학』으로 등단. 시집『조용한 개선』『두번째 겨울』『邊境의 꽃』『안 보이는 사랑의 나라』『모여서 사는 것이 어디 갈대들뿐이랴』『그 나라 하늘빛』『이슬의 눈』『새들의 꿈에서는 나무 냄새가 난다』 등이 있음.

문충성
1938년 제주 출생. 1977년『문학과지성』으로 등단. 시집『濟州바다』『수평선을 바라보며』『자청비』『섬에서 부른 마지막 노래』『내 손금에서 자라나는 무지개』『떠나도 떠날 곳 없는 시대에』『방아깨비의 꿈』『설문대할망』『바닷가에서 보낸 한 철』『허공』 등이 있음.

박라연
1951년 전남 보성 출생. 1990년 동아일보 신춘문예 당선. 시집『서울에 사는 평강공주』『너에게 세들어 사는 동안』『공중 속의 내 정원』 등이 있음.

박용하
1963년 강원도 사천 출생. 1989년『문예중앙』으로 등단. 시집『나무들은 폭포처럼 타오른다』『바다로 가는 서른세번째 길』『영혼의 북쪽』 등이 있음.

박주택
1959년 충남 서산 출생. 1986년 경향신문 신춘문예 당선. 시집『꿈의 이동건축』『방랑은 얼마나 아픈 휴식인가』『카프카와 만나는 잠의 노래』 등이 있음.

박찬일
1956년 춘천 출생. 1993년 『현대시사상』으로 등단. 시집 『화장실에서 욕하는 자들』『나비를 보는 고통』이 있음.

박태일
1954년 경남 합천 출생. 1980년 중앙일보 신춘문예 당선. 시집 『그리운 주막』『가을 악견산』『약쑥 개쑥』『풀나라』가 있음.

배신호
1964년 전북 설천 출생. 1998년 『문학과사회』로 등단. 시집 『벌거벗은 자의 生을 위한 주머니 속의 詩作 메모』가 있음.

배용제
1963년 전북 정읍 출생. 1997년 동아일보 신춘문예 당선. 시집 『삼류극장에서의 한때』『이 달콤한 감각』이 있음.

복거일
1946년 충남 아산 출생. 1987년 『현대문학』으로 등단. 시집 『五丈原의 가을』『나이 들어가는 아내를 위한 자장가』가 있음.

서정학
1971년 서울 출생. 1995년 『문학과사회』로 등단. 시집 『모험의 왕과 코코넛의 귀족들』이 있음.

성기완
1967년 서울 출생. 1994년 『세계의 문학』으로 등단. 시집 『쇼핑 갔다 오십니까?』『유리 이야기』가 있음.

송찬호
1959년 충북 보은 출생. 1987년 『우리 시대의 문학』으로 등단. 시집 『흙은 사각형의 기억을 갖고 있다』 『10년 동안의 빈 의자』 『붉은 눈, 동백』 등이 있음.

신대철
1945년 충남 홍성 출생. 1968년 조선일보 신춘문예 당선. 시집 『무인도를 위하여』 『개마고원에서 온 친구에게』 등이 있음.

신용목
1974년 경남 거창 출생. 2000년 『작가세계』로 등단. 시집 『그 바람을 다 걸어야 한다』가 있음.

신중신
1941년 경남 거창 출생. 1962년 『사상계』로 등단. 시집 『古典과 생모래의 고뇌』 『投槍』 『낮은 목소리』 『모독』 『바이칼湖에 와서』 『카프카의 집』 등이 있음.

심재상
1955년 강원도 강릉 출생. 1992년 『문학과사회』로 등단. 시집 『누군가 그의 잠을 빌려』 『넌 도돌이표다』가 있음.

연왕모
1969년 서울 출생. 1994년 『문학과사회』로 등단. 시집 『개들의 예감』이 있음.

오규원
1941년 경남 삼랑진 출생. 1968년 『현대문학』으로 등단. 시집 『분명한 사건』 『巡禮』 『사랑의 기교』 『王子가 아닌 한 아이에게』『이 땅에 씌어지는 抒情詩』『가끔은 주목받는 生이고 싶다』『사랑의 감옥』『길, 골목, 호텔 그리고 강물소리』『토마토는 붉다 아니 달콤하다』 등이 있음.

유종인
1968년 인천 출생. 1996년 『문예중앙』으로 등단. 시집 『아껴 먹는 슬픔』이 있음.

유진택
1957년 충북 영동 출생. 1993년 『문학세계』로 등단. 시집 『텅 빈 겨울 숲으로 가다』『아직도 낯선 길가에 서성이다』『날다람쥐가 찾는 달빛』이 있음.

유하
1963년 전북 고창 출생. 1988년 『문예중앙』으로 등단. 시집 『무림일기』『바람 부는 날이면 압구정동에 가야 한다』『세상의 모든 저녁』『세운상가 키드의 사랑』『천일馬화』 등이 있음.

윤병무
1966년 서울 출생. 1995년 『동서문학』으로 등단. 시집 『5분의 추억』이 있음.

이경임
1963년 서울 출생. 1997년 동아일보 신춘문예 당선. 시집 『부드러운 감옥』이 있음.

이기성
1966년 서울 출생. 1998년 『문학과사회』로 등단. 시집 『불쑥 내민 손』이 있음.

이기철
1943년 경남 거창 출생. 1972년 『현대문학』으로 등단. 시집 『낱말 추적』 『靑山行』 『전쟁과 평화』 『우수의 이불을 덮고』 『내 사랑은 해지는 영토에』 『시민일기』 『地上에서 부르고 싶은 노래』 『유리의 나날』 등이 있음.

이나명
1945년 강원도 원주 출생. 1994년 『현대시학』으로 등단. 시집 『금빛 새벽』 『중심이 푸르다』 『그 나무는 새들을 품고 있다』가 있음.

이선영
1964년 서울 출생. 1990년 『현대시학』으로 등단. 시집 『오, 가 없은 비눗갑들』 『글자 속에 나를 구겨넣는다』 『평범에 바치다』 등이 있음.

이성미
1967년 서울 출생. 2001년 『문학과사회』로 등단. 시집 『너무 오래 머물렀을 때』가 있음.

이성복
1952년 경북 상주 출생. 1977년 『문학과지성』으로 등단. 시집 『뒹구는 돌은 언제 잠깨는가』 『남해 금산』 『그 여름의 끝』 『호랑가시나무의 기억』 『아, 입이 없는 것들』 등이 있음.

이수명
1965년 서울 출생. 1994년 『작가세계』로 등단. 시집 『새로운 오독이 거리를 메웠다』 『왜가리는 왜가리 놀이를 한다』 『붉은 담장의 커브』『고양이 비디오를 보는 고양이』 등이 있음.

이영유
1950년 서울 출생. 1982년『우리 세대의 문학』으로 등단. 시집『영종섬 길』『유식한 감정으로 노래하라』『홀로 서서 별들을 바라본다』『검객의 칼끝』 등이 있음.

이원
1968년 경기도 화성 출생. 1992년『세계의 문학』으로 등단. 시집『그들이 지구를 지배했을 때』『야후!의 강물에 천 개의 달이 뜬다』가 있음.

이윤학
1965년 충남 홍성 출생. 1990년 한국일보 신춘문예 당선. 시집『먼지의 집』『붉은 열매를 가진 적이 있다』『아픈 곳에 자꾸 손이 간다』『꽃 막대기와 꽃뱀과 소녀와』 등이 있음.

이정록
1964년 충남 홍성 출생. 1989년 대전일보 신춘문예 당선. 1990년 한길문학 신인상. 1993년 동아일보 신춘문예 당선. 시집『벌레의 집은 아늑하다』『풋사과의 주름살』『버드나무 껍질에 세들고 싶다』가 있음.

이찬
1967년 경남 고성 출생. 1997년『문학과사회』로 등단. 시집『발아래 비의 눈들이 모여 나를 씻을 수 있다면』이 있음.

이창기
1959년 서울 출생. 1984년 『문예중앙』으로 등단. 시집 『꿈에도 별은 찬밥처럼』 『李生이 담 안을 엿보다』 『나라고 할 만한 것이 없다』가 있음.

이철성
1970년 충북 보은 출생. 1996년 『문학과사회』로 등단. 시집 『식탁 위의 얼굴들』이 있음.

이태수
1947년 경북 의성 출생. 1974년 『현대문학』으로 등단. 시집 『그림자의 그늘』 『우울한 飛翔의 꿈』 『물 속의 푸른 방』 『안 보이는 너의 손바닥 위에』 『그의 집은 둥글다』 『안동 시편』 『내 마음의 풍란』 『이슬방울 또는 얼음꽃』 등이 있음.

임후성
1968년 전남 장성 출생. 1994년 『문학과사회』를 통해 등단. 시집 『그런 의미에서』가 있음.

장영수
1947년 강원도 원주 출생. 1973년 『문학과지성』으로 등단. 시집 『메이비』 『시간은 이미 더 높은 곳에서』 『나비 같은, 아니 아니, 빛 같은』 『한없는 밑바닥에서』 등이 있음.

정남식
1963년 서울 출생. 1988년 『문학과사회』로 등단. 시집 『시집』 『철갑 고래 뱃속에서』가 있음.

정병근
1962년 경북 경주 출생. 1988년 『불교문학』으로 등단. 『현대시학』에 시 발표. 시집 『오래 전에 죽은 적이 있다』 『번개를 치다』가 있음.

정현종
1939년 서울 출생. 1965년 『현대문학』으로 등단. 시집 『사물의 꿈』 『고통의 축제』 『나는 별아저씨』 『떨어져도 튀는 공처럼』 『사랑할 시간이 많지 않다』 『세상의 나무들』 『갈증이며 샘물인』 등이 있음.

조용미
1962년 경북 고령 출생. 1990년 『한길문학』으로 등단. 시집 『불안은 영혼을 잠식한다』 『일만 마리 물고기가 산을 날아오르다』 『삼베옷을 입은 자화상』 등이 있음.

조은
1960년 경북 안동 출생. 1988년 『세계의 문학』으로 등단. 시집 『사랑의 위력으로』 『무덤을 맴도는 이유』 『따뜻한 흙』 등이 있음.

조인선
1966년 경기도 안산 출생. 첫 시집 『사랑살이』를 상자하면서 등단. 시집 『인간이 되기 싫었나 보다』 『사랑이란 아픔으로 남아도』 『별을 좋아하면 별이 된다고』 『황홀한 숲』이 있음.

조창환
1945년 서울 출생. 1973년 『현대시학』으로 등단. 시집 『빈집을 지키며』『라자로 마을의 새벽』『그때도 그랬을 거다』『파랑 눈썹』『피보다 붉은 오후』『수도원 가는 길』 등이 있음.

주창윤
1963년 대전 출생. 1986년『세계의 문학』으로 등단. 시집『물 위를 걷는 자 물 밑을 걷는 자』『옷걸이에 걸린 羊』이 있음.

진동규
1945년 전북 고창 출생.『시와 의식』으로 통해 등단. 시집『꿈에 쫓기며』『민들레야 민들레야』『일어서는 돌』『아무렇지도 않게 맑은 날』 등이 있음.

진은영
1970년 대전 출생. 2000년『문학과사회』로 등단. 시집『일곱 개의 단어로 된 사전』이 있음.

차창룡
1966년 전남 곡성 출생. 1989년『문학과사회』로 등단. 시집『해가 지지 않는 쟁기질』『나무 물고기』 등이 있음.

채호기
1957년 대구 출생. 1988년『창작과비평』으로 등단. 시집『지독한 사랑』『슬픈 게이』『밤의 공중전화』『수련』이 있음.

최두석
1955년 전남 담양 출생. 1980년『심상』으로 등단. 시집『대꽃』『임진강』『성에꽃』『사람들 사이에 꽃이 필 때』『꽃에게 길을 묻는다』 등이 있음.

최영철
1956년 경남 창녕 출생. 1984년 『지평』에 시 발표. 1986년 한국일보 신춘문예 당선. 시집 『야성은 빛나다』 『홀로 가는 맹인 악사』 『가족 사진』 『아직도 쭈그리고 앉은 사람이 있다』 『일광욕하는 가구』가 있음.

최하림
1939년 전남 목포 출생. 1964년 조선일보 신춘문예 당선. 시집 『우리들을 위하여』 『작은 마을에서』 『겨울 깊은 물소리』 『속이 보이는 심연으로』 『굴참나무숲에서 아이들이 온다』 『풍경 뒤의 풍경』 등이 있음.

한승원
1939년 전남 장흥 출생. 1968년 대한일보 신춘문예에 단편소설 당선. 시집 『열애일기』 『사랑은 늘 혼자 깨어 있게 하고』 『노을 아래서 파도를 줍다』가 있음.

함성호
1963년 강원도 속초 출생. 1990년 『문학과사회』로 등단. 시집 『56억 7천만 년의 고독』 『聖 타즈마할』 『너무 아름다운 병』이 있음.

허형만
1945년 전남 순천 출생. 1973년 『월간문학』으로 등단. 시집 『淸明』 『풀잎이 하나님에게』 『모기장을 걷는다』 『입맞추기』 『이 어둠 속에 쭈그려 앉아』 『供草』 『진달래 산천』 『풀무치는 무기가 없다』 『비 잠시 그친 뒤』 등이 있음.

황동규

1938년 서울 출생. 1958년 『현대문학』으로 등단. 시집 『어떤 개인 날』 『비가』 『나는 바퀴를 보면 굴리고 싶어진다』 『풍장』 『악어를 조심하라고?』 『몰운대행』 『미시령 큰바람』 『외계인』 『버클리풍의 사랑 노래』 『우연에 기댈 때도 있었다』 등이 있음.

황인숙

1958년 서울 출생. 1984년 경향신문 신춘문예 당선. 시집 『새는 하늘을 자유롭게 풀어놓고』 『슬픔이 나를 깨운다』 『우리는 철새처럼 만났다』 『나의 침울한, 소중한 이여』 『자명한 산책』 등이 있음.

황지우

1952년 전남 해남 출생. 1980년 중앙일보 신춘문예 입선, 『문학과지성』을 통해 등단. 시집 『새들도 세상을 뜨는구나』 『겨울-나무로부터 봄-나무에로』 『나는 너다』 『게 눈 속의 연꽃』 『어느 날 나는 흐린 酒店에 앉아 있을 거다』 등이 있음.